Edition Maritim

MONIKA WEBER

# KREUZFAHRT POCKETGUIDE

## Von A wie Ablegen bis Z wie Zurückkommen

**EDITION MARITIM**

# INHALT

6 AN BORD – VON A BIS Z

112 DIE WICHTIGSTEN SEEMÄNNISCHEN BEGRIFFE

118 ENGLISCHE FACHBEGRIFFE

# LIEBE LESERIN, LIEBER LESER,

Sie möchten Ihre erste Kreuzfahrt buchen oder gehen demnächst an Bord eines Kreuzfahrtschiffs und haben noch viele Fragen? In dieser Situation soll Ihnen unser Guide ein paar nützliche Informationen und Tipps liefern. Es gibt Dinge, die auch wir immer wieder neu entdecken und die auf den Schiffen ganz unterschiedlich gehandhabt werden. Und ich gestehe, dass auch wir immer noch den einen oder anderen Fehler machen, obwohl mein Mann und ich mehr als 40 Kreuzfahrten erlebt haben.

Gerade macht mein Mann begleitende Fotos, und ich sitze auf der MEIN SCHIFF 5, schreibe dieses Büchlein und hoffe, dass es Ihnen ein unentbehrlicher Kreuzfahrtbegleiter wird. Ich hatte Gelegenheit, mit verschiedenen Crew-Mitgliedern und Offizieren zu sprechen. Vielen Dank an sie für die offenen Worte, die uns auch bei diesem Buch weitergeholfen haben.

Die alphabetisch sortierten Erklärungen und Tipps erheben keinen Anspruch auf Vollständigkeit, werden Ihnen die wichtigsten Besonderheiten an Bord aber erleichtern. Damit ist ein Kreuzfahrtschiff am Ende nichts anderes als ein Fünfsternehotel und eine tolle Möglichkeit, innerhalb kürzester Zeit möglichst viel zu sehen …

Wir wünschen Ihnen eine angenehme Reise – vielleicht begegnen wir uns auf einem der vielen Kreuzfahrtschiffe ja einmal!

*Ihre Monika und Jürgen Weber*

PS: Sollten Sie in die Karibik reisen, empfehle ich Ihnen unseren Reiseführer *Kreuzfahrten Karibik*, der ebenfalls in der Edition Maritim des Delius Klasing Verlags erschienen ist.

# AN BORD - VON A BIS Z

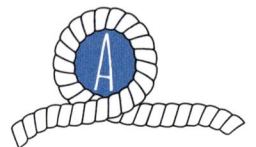

## ABFAHRTZEITEN

Ihre Reiseunterlagen enthalten auch die Abfahrtzeiten des Schiffs. Sollten Sie ein Flug-Bus-Transfer-Paket über die Reederei gebucht haben, werden Sie direkt zum Schiff gebracht. Das hat den Vorteil, dass alles Machbare getan wird, um Sie pünktlich an Bord zu bringen, sollte es zu einer Verzögerung kommen. Im Zweifelsfall wartet das Schiff auch.

Bei privater Anreise sollten Sie mindestens zwei bis drei Stunden vor Abfahrt am Terminal ankommen. Wenn Sie nicht pünktlich da sind und das Schiff verpassen, geht die Kreuzfahrtgesellschaft davon aus, dass Sie die Reise nicht antreten.

Bei fast allen Kreuzfahrtgesellschaften kommen Sie, auch wenn Ihr Schiff erst am Abend ablegt, schon deutlich früher an Bord (bei der TUI z. B. sogar schon ab 9:00 Uhr, bei fast allen anderen Kreuzfahrtlinien mittags).

> TIPP: *Fahren Sie möglichst früh zu Ihrem Schiff. So ersparen Sie sich eventuell längere Wartezeit beim Einchecken. Sie kommen zwar noch nicht in Ihre Kabine, können sich aber schon einmal auf dem Schiff umsehen.*

ALKOHOL

## ABRECHNUNG s. a. BORDAUSWEIS

Wenn Sie Ihr Schiff betreten, erhalten Sie einen Bordausweis (s. dort), der gleichzeitig Ihr Zahlungsmittel an Bord ist. Alle Einkäufe, die Sie z. B. im Bordshop erledigen, und Getränke, die Sie kaufen, werden auf Ihre Bordkarte gebucht. Die Karte hat in der Regel einen Magnet- oder Strichcode. Am Ende der Reise erhalten Sie Ihre Abrechnung. Haben Sie bereits eine Kreditkarte hinterlegt, müssen Sie nichts weiter tun. Der entsprechende Betrag wird dann automatisch abgebucht. Sollten Sie den Betrag in bar bezahlen wollen, was nicht auf allen Schiffen möglich ist, leisten Sie eine Anzahlung.

> TIPP: *Während der Reise können Sie Ihr Bordkonto über den Fernseher, das Internet oder bei der Rezeption abfragen. Prüfen Sie es auf Unstimmigkeiten – sie lassen sich auf dem Schiff leichter klären als am letzten Tag, der immer sehr hektisch ist. Da die Rechnung meist in der Nacht ausgedruckt und oft erst am Morgen in die Kabine geliefert wird, lassen Sie sich am Abend vorher an der Rezeption am besten schon einen vorläufigen Ausdruck geben, damit Sie diesen kontrollieren und ggf. reklamieren können.*

## ALKOHOL

Der Ausschank von Alkohol an Bord wird unterschiedlich gehandhabt, auf deutschen Schiffen meist ab 18 Jahren (Bier in Begleitung der Eltern oft ab 16), auf amerikanischen ab 21. Häufig wird eine von den Eltern unterschriebene Einverständniserklärung verlangt. Es geht jeweils um den Besitz, den Kauf und den Konsum von Alkohol.

Die Reedereien verdienen in der Regel am meisten an den Nebenkosten, so auch an Alkohol, der daher meist überteuert ist. Da rentiert sich vielleicht ein Bier- oder Weinpaket, aber meist kein komplettes Getränkepaket. An Bord mitbringen darf man Alkohol auf jeden Fall nicht. Sollte man ein alkoholisches Getränk in einem der Häfen als Mitbringsel kaufen, gibt man es an der Gangway ab und kann es am letzten Tag oder beim Auschecken abholen.

Alkohol im Koffer an Bord zu schmuggeln funktioniert übrigens auch nicht, da die Gepäckstücke durchleuchtet und alkoholische Getränke entfernt werden können.

## ALL ON BOARD

Ob am ersten Tag oder nach einem Landausflug – das oberste Gebot ist immer »all on board«, d. h., jeder muss rechtzeitig wieder auf dem Schiff sein. Es wartet nämlich nicht auf Sie, außer Sie haben über die Reederei einen Ausflug gebucht, bei dem es zu einer Verzögerung kommt. Ansonsten ist grundsätzlich der Passagier selbst dafür verantwortlich, rechtzeitig vor Abfahrt des Kreuzfahrtschiffs wieder an Bord zu gehen. Es ist daher wichtig, die All-on-board-Zeit einzuhalten – den Zeitpunkt, zu dem man auf dem Schiff sein muss; er steht an der Gangway oder auf dem Tagesprogramm. Meist liegt er 30 bis 45 Minuten vor der Abfahrtzeit. Wer sein Schiff verpasst, muss sehen, wie er es wieder erreicht. Die Kosten trägt man selbst.

Wenn Sie Ihr Schiff tatsächlich einmal am Horizont verschwinden sehen, keine Panik. In jedem Hafen gibt es einen Agenten der Reederei, der Ihnen weiterhilft. Falls das Schiff

ALL INCLUSIVE / GETRÄNKEPAKET S. A. KOSTEN, TRINKGELD

noch in Reichweite sein sollte, kann Sie manchmal noch ein Lotsenboot an Bord bringen. Ansonsten hilft Ihnen der Hafenagent bei der Weiterreise oder den notwendigen Formalitäten. Seine Adresse finden Sie meist in Ihrem Tagesprogramm.

> TIPP: *Halten Sie sich unbedingt an die Zeit, zu der alle an Bord sein müssen. Kehren Sie frühzeitig, d. h. mindestens 30 Minuten vor Abfahrt, auf Ihr Schiff zurück.*

## ALL INCLUSIVE / GETRÄNKEPAKET S. A. KOSTEN, TRINKGELD

All-inclusive ist nicht gleich all-inclusive. Auf dem deutschen Markt kommt TUI mit seinem Premium-Angebot all-inclusive am nächsten. Hier ist im Grundpreis den ganzen Tag über ein reichhaltiges Angebot an alkoholischen und nicht-alkoholischen Getränken inbegriffen, und zwar in fast allen Bars. Ansonsten machen die Getränke bei den meisten Gästen einen wesentlichen Teil der Bordrechnung aus. Trinkgelder für die Besatzung sind bei TUI und AIDA inklusive, bei den meisten anderen Reedereien wird automatisch täglich ein Pauschalbetrag dafür auf die Rechnung gesetzt.

Bei AIDA sind die Getränke in den Buffetrestaurants (Bier, Wasser, Wein, Softdrinks) bei den Hauptmahlzeiten ebenfalls inbegriffen, ansonsten müssen sie bezahlt werden.

Bei fast allen anderen Reedereien sind lediglich in den Buffetrestaurants Wasser, Kaffee, Tee und das ein oder andere Softgetränk inklusive. Alkohol muss bezahlt werden (und ist auf den amerikanischen Schiffen recht teuer).

Jede Reederei bietet ein zusätzliches Getränkepaket an. Das reicht vom Wasser-, Wein- und Bierpaket bis hin zum unbeschränkten Genuss. Entsprechend unterschiedlich sind die Preise.

Ansonsten gilt bei allen Reedereien Vollpension, nur in speziellen Restaurants muss mit einer Pauschale zusätzlich gezahlt werden. Alle weiteren Leistungen wie Sonnenliegen, Handtücher, Nutzung des Fitnessbereichs, des Schwimmbeckens etc. sind kostenfrei.

> TIPP: *Prüfen Sie Ihren täglichen Getränkebedarf, um entscheiden zu können, ob sich ein Getränkepaket rechnet oder es nicht günstiger ist, die Getränke einzeln zu bezahlen. Komplettpakete rentieren sich für die Kunden meist nicht. Achten Sie auf Kreuzfahrtangebote inklusive Getränkepaket.*

## ALLERGIEN / DIÄTKOST

Diätküche wie z. B. glutenfreie Kost ist auf Kreuzfahrten kein Fremdwort mehr, es ist also nicht schwierig, trotz Nahrungsmittelunverträglichkeit einen unbeschwerten Urlaub auf See zu verbringen. U. U. müssen Essenswünsche aber Wochen oder Monate vorher angemeldet werden, bei Cunard z. B. sechs Monate vor Reisebeginn. Einige Reedereien haben entsprechende Formulare oder E-Mail-Anschrif-

ten. Oder sprechen Sie mit Ihrem Reisebüro, das Ihre Informationen an die Reederei weitergibt. Auf einigen Schiffen erhalten Sie abends die Speisekarten für den Folgetag und kreuzen Ihren Essenswunsch an. Dann wird versucht, das Essen auf Ihre Bedürfnisse abzustimmen; z. T. gibt es auch rein vegane Menüs. Zusätzliche Kosten fallen nicht an.

> TIPP: *Sprechen Sie am Tag der Einschiffung mit dem Restaurantmanager oder Koch und weisen Ihren Kellner noch einmal auf Ihren Essenswunsch hin.*

## ALLGEMEINER ALARM (GENERALALARM)

Der Alarm besteht aus sieben kurzen und einem langen Signal. Dies ist die erste Alarmstufe und gleichzeitig die Aufforderung, sich zu den Notfallstationen (Musterstation/Assembly Station, s. dort) zu begeben. Damit ist jedoch nicht gemeint, dass man das Schiff verlassen muss.

## AN- UND ABREISE

Alle Kreuzfahrtgesellschaften bieten Komplettpakete für die An- und Abreise an. Sie sind zwar ein bisschen teurer, mit ihnen sind Sie aber auf der sicheren Seite.

Die Angebote von AIDA und TUI reichen von Rail & Fly oder Rail & Cruise bis zum Transport der Koffer von zu Hause bis aufs Schiff.

Alle AIDA-Premium-Reisen mit internationalem An- und Abreisepaket beinhalten ein AIDA-Rail-&-Fly-Ticket, mit dem Sie deutschlandweit von jedem Bahnhof der Deutschen Bahn AG zum Flughafen an- und wieder zurückkreisen können (wobei das nur für Bahnfahrten in der 2. Klasse und nicht für AIDA-Reisen von bzw. nach Deutschland gilt). Bei TUI reisen Sie in Kooperation mit der Deutschen Bahn AG mit der Bahnverbindung Ihrer Wahl von jedem beliebigen DB-Bahnhof aus zum Schiff. Der RIT-Fahrschein (Rail & Cruise) gilt auf DB-Strecken in allen fahrplanmäßigen Regelzügen (inkl. ICE, ICE-Sprinter, EC/IC). Bei den Kreuzfahrten ab Kiel, Bremerhaven und Hamburg findet am Anreisetag ein kostenloser Busshuttle vom jeweiligen Hauptbahnhof des Abfahrthafens bis zum Schiff statt.

Alle anderen Reedereien, wie z. B. MSC, COSTA, RCCL oder CUNARD, bieten ebenfalls Flugpakete und Transfers an. Bei Kreuzfahrten im Mittelmeerraum gibt es für große Städte z. T. Bus-Arrangements, manchmal mit Übernachtung am Vortag.

Die ausgeschriebenen Preise für Kreuzfahrten inkl. Flug beinhalten das Flug-Arrangement ab dem günstigsten deutschen Flughafen; in einigen Fällen ist bei der Wahl eines anderen angebotenen Flughafens ein kleiner Aufpreis fällig.

Bei den Flug-Arrangements erfolgt die Abreise mit den jeweiligen Shuttle-Bussen zu einer bestimmten Uhrzeit, die Sie unbedingt einhalten sollten. Sie können sich darauf verlassen, dass Sie Ihr Flugzeug rechtzeitig erreichen.

Zu deutschen Abfahrtshäfen oder leicht erreichbaren ausländischen Häfen wie Amsterdam, Genua und Venedig fahren viele Gäste mit dem eigenen PKW. In dem Fall buchen Sie einen Parkplatz entweder selbst übers Internet oder fragen bei Ihrer Kreuzfahrtlinie an. Diese hat in der Regel eine Parkmöglichkeit in der Nähe des Kreuzfahrthafens oder eine Art Valet-Service. Sie fahren bis zum Terminal, und Ihr Auto wird vom Parkservice in Empfang genommen und sicher (und versichert) auf einem Stellplatz geparkt.

ARZT S. A. MEDIKAMENTE

> TIPP: *Wer hundertprozentige Sicherheit haben möchte, nimmt ein Arrangement der Kreuzfahrtgesellschaft in Anspruch. Wer die An- und Abreise selbst regelt, spart allerdings Geld. Buchen Sie bei Fernreisen, um auf der sicheren Seite zu sein, eine oder auch zwei Vorübernachtungen am Startort Ihrer Kreuzfahrt, ebenso den Flughafen-Taxi-Shuttle zum Hotel (z. B. über suntransfers.com), und lassen Sie sich am nächsten Tag mit einem Taxi zum Hafenterminal bringen.*

## APOTHEKE S. MEDIKAMENTE

## ARZT S. A. MEDIKAMENTE

Ein wichtiger Punkt ist die medizinische Versorgung an Bord. Was die Anzahl der Ärzte betrifft, spielt die Größe des Schiffs eine maßgebliche Rolle. So muss auf deutschen Schiffen ab 75 Personen, bei internationalen ab 100, ein Arzt an Bord sein und ab 800 Personen grundsätzlich zwei Ärzte, egal, ob 2.000 oder 6.000 Personen unterwegs sind. Bei den Ärzten handelt es sich überwiegend um Allgemeinmediziner und / oder Chirurgen. Auch ausreichendes Pflegepersonal ist vorhanden. Rechnen Sie auf internationalen Schiffen aber nicht mit deutschsprachigen Ärzten. Die Krankenstation entspricht meistens der Notfallstation eines Krankenhauses.

Auf AIDA-Schiffen stehen die Bordärzte weltweit mit der Uni-Klinik in Rostock in Verbindung, um z. B. Röntgenbilder und Befunde austauschen.

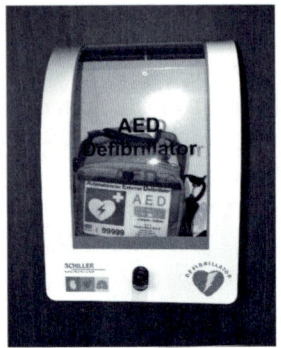

Die Kosten für eine Behandlung beim Arzt sind grundsätzlich nicht im Reisepreis enthalten. Sie finden den Behandlungspreis auf Ihrer Bordrechnung. Die deutsche Versichertenkarte gilt an Bord nicht. Vor Antritt Ihrer Reise sollten Sie mit Ihrer Krankenversicherung klären, ob überhaupt und wenn ja, in welcher Höhe Kosten übernommen werden. Ansonsten empfiehlt es sich, eine Auslands-Krankenversicherung abzuschließen, die meistens günstig angeboten wird.

Für Dialysepatienten: Vereinzelt sind Schiffe mit modernen Dialysestationen ausgestattet. Dazu gehören u. a. die MS EUROPA und die MS EUROPA 2 sowie die MS ASTOR. Fragen Sie bei der Buchung.

# ATRIUM

Das Atrium ist der Zentralbereich, in dem sich die Rezeption und oft auch der Ausflugsschalter befinden. Meist liegt er auf einem der unteren Decks.

# AUSFLÜGE

Für Ausflüge gibt es keine generelle Empfehlung; ob man sie auf eigene Faust oder über die Reederei macht, ist Geschmackssache. Selbst organisierte Ausflüge sind meistens günstiger, sind aber auch mit Risiken wie etwa der pünktlichen Rückkehr verbunden. Kurzentschlossene finden in den meisten Häfen am

Ende des Kais lokale Anbieter mit Tour-Angeboten. In manchen Ländern sind die Preise dafür Verhandlungssache.

Jede Kreuzfahrtlinie bietet für jeden Anlaufhafen eine Vielzahl von Ausflügen an. Orientieren Sie sich vorab, was Sie gern sehen wollen, wie anstrengend und lang Ihr Ausflug für Sie sein darf und ob im betreffenden Land ein Sicherheitsrisiko besteht. Jede Kreuzfahrtgesellschaft klassifiziert ihre Ausflüge nach Schwierigkeitsgrad. Die Vorteile der organisierten Ausflüge sind die Betreuung während der ganzen Zeit, ein gewisser Mindeststandard, und die rechtzeitige Rückkehr zum Schiff.

Sollten Sie mit Ihrem Schiff direkt im Zentrum der Stadt liegen, ist es oft gar nicht nötig, einen Ausflug zu buchen.

> TIPP: *Sollten Sie auf eigene Faust einen Ausflug unternehmen, erkundigen Sie sich nach der Sicherheitslage im jeweiligen Hafen. Ein Spaziergang in der falschen Gegend oder ein unehrlicher Taxifahrer können lebensgefährlich sein (z. B. in Jamaika, Honduras etc.). Mit den Ausflügen der Kreuzfahrtgesellschaft gehen Sie auf jeden Fall auf Nummer sicher.*

## AUSLAUFSONG

Beim Auslaufen eines Kreuzfahrtschiffs wird von den Reedereien oft ein bestimmtes Lied gespielt, von »Muss i denn, muss ich denn zum Städtele hinaus« bis zu anspruchsvoller Konzertmusik. Bei der AIDA sind die Auslaufsongs z. B. »Sail away« (eine Coverversion von »Orinoco Flow«) oder »Leinen los«.

## BACKBORD / STEUERBORD

Die Kapitäne erwähnen in ihren Durchsagen oft die Wörter Backbord und Steuerbord. Backbord (portside) bezeichnet die linke Seite des Schiffs, Steuerbord (starboard) die rechte (jeweils auf die Fahrtrichtung bezogen).

> TIPP: *Kleine Eselsbrücke: Das Wort »Steuer« enthält ein »r« (für rechts), das Wort »Back« hingegen keins (gleich links).*

## BARGELD

Während Ihres Bordaufenthalts benötigen Sie kein Bargeld, da alles über Ihre Bordkarte abgerechnet wird. Bei den Landausflügen empfiehlt es sich aber, ausreichend Bargeld für Trinkgelder und kleine Einkäufe in den Häfen mitzunehmen, und zwar (je nach Kreuzfahrtziel) US-Dollars und Euros, denn damit können Sie meistens bezahlen. Begleichen Sie, wenn Dollars oder Euros nicht akzeptiert werden, im Zweifelsfall selbst kleine Beträge mit Kreditkarte, da diese fast überall akzeptiert werden.

Manche Schiffe bieten auch an, kleine Geldbeträge in die entsprechende Landeswährung (meistens die gängigen wie z.B. Britisches Pfund, Norwegische/Schwedische/Dänische Kronen) zu wechseln, lassen sich diesen Service aber mittels eines

schlechteren Wechselkurses bezahlen. Tauschen Sie grundsätzlich möglichst wenig Geld in die jeweilige Landeswährung um; Sie bekommen sie entweder gar nicht oder nur mit großen Kursverlusten zurückgetauscht.

Natürlich besteht auch die Möglichkeit, an Land mit EC- oder Kreditkarte an einem Geldautomaten abzuheben.

> **TIPP:** *Nehmen Sie möglichst viele kleine Scheine (à 1 US-$, 5 US-$ oder 5 €) mit, und bezahlen Sie an Land damit. In den Geschäften wird Ihnen nämlich öfter in der Landeswährung zurückgezahlt, und bei kleinen Scheinen entsteht Ihnen dann kein allzu großer Verlust, falls Sie die Landeswährung nicht zurückgetauscht bekommen (oder die Wechselgebühr höher ist als der Wert). Haben Sie für alle Fälle Ihre Kreditkarte dabei.*

## BARRIEREFREIER URLAUB / HANDICAP

Kreuzfahrten werden auch bei Menschen mit Handicap immer beliebter, und die Reedereien haben sich darauf eingestellt. So bieten alle Kreuzfahrtlinien (bis auf A-Rosa) barrierefreie Kabinen an, und bei AIDA und Norwegian Cruise Lines können Rollstühle gemietet werden. Die meisten amerikanischen Reedereien stellen außerdem kostenfreie Rollstühle zur Verfügung. In der Regel gilt: Je neuer das Schiff, desto barrierefreier.

Kreuzfahrtpassagiere, die in ihrer Kabine besondere Einrichtungen wie Handläufe, ein rollstuhlgerechtes Bad oder breite Türen benötigen, erkundigen sich am besten schon vor der Buchung nach den Gegebenheiten an Bord. Berücksichtigen Sie auch, dass die breiten elektrischen Rollstühle für ein Kreuzfahrtschiff zu unhandlich sind. Die kleineren Falt- und E-Fix-Rollstühle lassen sich leichter durch die schmalen Gänge des Schiffs manövrieren und in der Kabine verstauen.

> TIPP: *Wenn Sie Luxus lieben: Über schöne barrierefreie Penthouse- und Mini-Suiten mit Balkon verfügen die* GEM, *die* PEARL *und die* JADE *der Norwegian Cruise Line. Aber auch die* CELEBRITY CONSTELLATION *und die* AMSTERDAM *von Holland America werden gern gebucht.*

# BARS

Auf jedem Schiff stehen jede Menge Bars für einen Drink zur Verfügung. Mittlerweile wird auf den neuen Schiffen auf deren visuelle Erscheinung oder Erlebniswert besonderen Wert gelegt. So sollten Passagiere des Schiffs NORWEGIAN GETAWAY der Norwegian Cruise Line die Eisbar Svedka & Inniskillin besser nur mit Jacke und Handschuhen besuchen. In der Bar herrscht eine Durchschnittstemperatur von minus 8 °C, und Theke, Sitze und Gläser bestehen aus purem Eis.

Auf dem Schiff HARMONY OF THE SEAS von Royal Caribbean schweben Gäste in der Rising Tide Bar von einem Deck zum anderen. Die Bar ist nämlich eine Mischung aus Gondel und offenem Aufzug und bietet Platz für bis zu 35 Passagiere. Oben angekommen, steht den Gästen dann die Bionic Bar mit einem völlig neuen Konzept zur Verfügung: Statt Barkeepern warten hier zwei Roboter auf die Cocktailbestellung. Normalerweise bedient Sie auf den Schiffen aber weiterhin ein netter Kellner.

Die Preise in den Bars variieren zwischen den verschiedenen Kreuzfahrtgesellschaften; das reicht pro Liter Wasser von 2,20

bis 4,90 €, pro Glas Weiß-/Rotwein von 4,90 bis 9,10 €, pro Flasche Bier von 3,10 bis 6,45 € oder pro Cappuccino von 2,20 bis 4,00 €. Bei jedem Getränk wird ein Bedienungsaufschlag (service charge) fällig, der bei den meisten Kreuzfahrtgesellschaften üblicherweise bei 15 %, bei Celebrity Cruises und Royal Caribbean International sogar bei 18 % und bei Phoenix-Reisen bei 7 % liegt. Lediglich AIDA schlägt keine Servicegebühr auf.

Die Bars haben auf jedem Schiff bis mindestens 24 Uhr geöffnet. Die meisten öffnen um 10 Uhr morgens.

> TIPP: *In den Schnellrestaurants sind Softgetränke kostenlos, während sie in den Bars oft bezahlt werden müssen.*

## BETREUUNGSSCHLÜSSEL

Die Schiffe haben eine unterschiedliche Anzahl von Crew-Mitgliedern. Das reicht vom Verhältnis 1:1,5 (auf Luxusschiffen) bis 1:4 (Holland America: 1:2,5 – Costa: 1:3,5). Ein durchschnittlicher Wert liegt bei 1:3. Je höher der Kreuzfahrtpreis, desto besser sind das Verhältnis Crew zu Passagier und die Serviceleistungen.

> TIPP: *Machen Sie sich vorher schlau, wie das Verhältnis Crew zu Passagieren auf Ihrem Schiff sein wird. Daraus können Sie schließen, wie hoch der Grad an Annehmlichkeiten und Service sein wird.*

## BETTEN

In vielen Schiffen sind die Kabinen mit enorm bequemen Boxspringbetten oder, wie bei der AIDA, mit Betten und Matratzen der Firma Breckle ausgestattet. Die Matratzen müssen speziellen Anforderungen an die Haltbarkeit genügen und schwer entflammbar sein. Besonders deutsche Passagiere bevorzugen Doppelbetten mit getrennten Decken.

Gerade bei der Bettenqualität überbieten sich die Kreuzfahrtgesellschaften gegenseitig. Die Betten, aber auch die Bettwäsche kommen bei den Kunden so gut an, dass die großen amerikanischen Reedereien sie bereits in ihren Shops verkaufen.

Es gibt allerdings auch Ausnahmen: Auf der ARTANIA sind die Balkonkabinen so klein, dass auch ein Klappbett aus Metall als Bett gilt und erst abends heruntergeklappt und hergerichtet wird. Das liegt daran, dass der Gang zum Balkon sehr schmal ist.

Wenn eine dritte Person mit in der Kabine wohnt, muss sie oft mit dem deutlich unbequemeren Bettsofa vorliebnehmen – und das, obwohl sie genauso viel bezahlt hat wie ihre Kabinengenossen.

BEZAHLRESTAURANT

> TIPP: *Wenn Sie kein Doppelbett wünschen, sollten Sie das schon bei der Buchung angeben. Falls aber kein triftiger Grund besteht, die Betten getrennt aufzustellen, belassen Sie es besser bei einem klassischen Doppelbett. Sie gewinnen in der Kabine auf diese Weise mehr nutzbaren Raum.*

## BEZAHLRESTAURANT

Neben normalen Restaurants gibt es auf Kreuzfahrtschiffen zusätzlich sogenannte Bezahlrestaurants, in denen Sie gegen Zuzahlung Speisen bekommen, die sonst nicht angeboten werden. Das reicht vom Steakhouse über italienisches oder japanisches Essen bis hin zu exquisiter Fünfsterneküche. Viele der normalen Restaurants haben aber durchaus Fünfsterneniveau, so etwa bei *Mein Schiff*, *Holland America* oder *Celebrity*, ganz zu schweigen von den Luxuslinern.

Sollten Sie also einen besonderen Abend genießen wollen, gönnen Sie sich etwas Luxus zu Komplettpreisen zwischen 15 und 65 € pro Person. Manchmal werden die Speisen und Getränke, wie im Hanami by Tim Raue auf *Mein Schiff*, auch einzeln abgerechnet. Jedes Schiff handhabt dies anders.

Für besondere Anlässe wie Jubiläen, Geburtstage und Hochzeitstage werden z. T. auch spezielle Pakete geschnürt, die bei über 200 € liegen können.

> TIPP: *In den normalen Hauptrestaurants ist das Essen so gut, dass sich der Besuch eines Bezahlrestaurants nur für besondere Anlässe lohnt.*

BEZAHLUNG DER REISE

# BEZAHLUNG DER REISE

Wenn Sie eine Kreuzfahrt gebucht haben, ist in der Regel eine Anzahlung von 20 bis maximal 25 % fällig. Höhere Anzahlungen sind nur zulässig, wenn die Reederei begründen kann, welche Aufwendungen sie damit abdeckt. Dass der Preis in den Tarifklassen dafür möglicherweise günstiger ist, spielt dabei keine Rolle. Es gibt dazu ein Urteil des Bundesgerichtshofs.

In der Regel ist die Restzahlung vier bis sechs Wochen vor Reiseantritt fällig.

Die Bezahlung kann per Überweisung, Abbuchung oder Kreditkarte erfolgen. Einige Kreuzfahrtgesellschaften, wie Azamara, Celebrity, Cunard, NCL oder Royal Caribbean, erheben keine Kreditkartengebühren, andere, wie AIDA, TUI, Carnival oder Princess Cruises, nehmen eine Kreditkartengebühr von in der Regel 0,7 bis 1 %.

> TIPP: *Die günstigste Form der Bezahlung Ihrer Reise ist meist die Überweisung, da hierfür keine Gebühren anfallen.*

# BIBLIOTHEK

Das Thema Lesen spielt an den Tagen auf See keine unwichtige Rolle. Wer freut sich nicht auf die Schmöker der Schiffsbibliothek! Eine umfangreiche Literatursammlung sowie einen Buchladen an Bord bieten die Schiffe der Cunard Line, die QUEEN MARY 2. Üblicherweise sind die Büchereien auf Kreuzfahrtschiffen aber eher

überschaubar. Auf amerikanischen Schiffen ist die Auswahl an englischsprachigen Büchern umfangreich, während sich die deutsche Literatur auf eine Handvoll Bücher beschränkt.

> TIPP: *Wenn Sie auf See gern lesen, bleibt Ihnen kaum anderes übrig, als sich selbst Bücher mitzubringen oder sich E-Books auf einen entsprechenden Reader wie Tolino oder Kindle herunterzuladen.*

## BONUSPROGRAMM

Jede Kreuzfahrtgesellschaft hat für Mehrfahrer ein Bonusprogramm, dessen Bezeichnungen ebenso variieren wie das jeweilige »Belohnungssystem«. Dieses reicht von kleinen Annehmlichkeiten wie dem Priority-Check-in über eine Flasche Sekt oder den On Board Discount bis zu Preisnachlässen bei der Buchung (z. B. bei MSC, Royal Caribbean), einer Höherstufung der Kategorie, kostenlosem Internet oder Concierge-Service.

> TIPP: *Egal, wie klein der Vorteil ist: Nehmen Sie ihn mit. Die Anmeldung kostet Sie nichts und rentiert sich schon ab der zweiten Kreuzfahrt. Manche Kreuzfahrtgesellschaften nehmen Sie automatisch in ihr Bonusprogramm bzw. ihren Club auf.*

## BORDAUSWEIS (KEYCARD) s. a. ABRECHNUNG

Der Bordausweis hat die Größe einer Scheckkarte und ist während Ihrer Reise das wichtigste Utensil. Er dient zum einen als

BORDAUSWEIS (KEYCARD) s. a. ABRECHNUNG

Ausweis, mit dem man, z. B. bei Landgängen, von Bord und zurück gelangt. Zum anderen ist er »Zimmerschlüssel« und nicht zuletzt das einzige Zahlungsmittel an Bord.

Sie bekommen Ihre Bordkarte in der Regel beim Einchecken ausgehändigt. Auf manchen Schiffen, wie z. B. denen von MSC, finden Sie sie in Ihrer Kabine vor. Auf der Bordkarte sind alle wichtigen Daten gespeichert. Ihre Kabinennummer ist aus Sicherheitsgründen meist nicht sichtbar.

Die Bordkarte als Zahlungsmittel wird beim Einchecken durch Vorlage Ihrer Kreditkarte aktiviert bzw., bei MSC, über Kartenautomaten, die auf verschiedenen Etagen stehen. Auf vielen Schiffen wird automatisch die Kreditkarte, die Sie beim Einchecken vorgelegt haben, mit den Beträgen belastet. Bei Barzahlung (die nicht von allen Reedereien akzeptiert wird) haben Sie am Anfang einen gewissen Betrag auf Ihrem Bordkonto hinterlegt und müssen den Rest am letzten Tag bezahlen.

Sie legen die Karte bei jedem Bezahlvorgang in den Shops oder Bars und Restaurants (für Getränke) vor, aber z. B. auch beim Arzt. Ihr Bordkonto wird dann mit dem entsprechenden Betrag belastet; Gutschriften werden ebenfalls darüber abgerechnet. Am Schluss wird die Endabrechnung vorgenommen.

> TIPP: *Besorgen Sie sich für Ihre Bordkarte eine Hülle in Scheckkartengröße. In vielen Ländern muss man beim Betreten und Verlassen der Hafenanlagen zusätzlich zur Bordkarte eine beglaubigte Kopie eines Ausweises vorlegen, die Sie dann zu der Bordkarte stecken können. Ihr Geld sollten Sie separat aufbewahren. Oder Sie lochen Ihre Bordkarte (an der Rezeption; bei TUI ist sie bereits gelocht) und befestigen ein Schlüsselband daran.*

BORDSPRACHE

Der Bordausweis von Vielreisenden hat eine andere Farbe oder eine andere Markierung. So kann das Bordpersonal beim Zahlen sofort erkennen, welchen Status der Reisende hat und ob ihm eventuell Vergünstigungen zustehen.

## BORDMANIFEST

Wer eine Reise gebucht hat, erhält mit der Anmeldung einen Fragebogen (oder kann ihn im Internet auf der Website der jeweiligen Kreuzfahrtlinie ausfüllen). Dieses sogenannte Bordmanifest, das unterschiedlich aufgebaut sein kann, muss vom Gast ausgefüllt und an die Reederei bzw. ans Reisebüro zurückgesandt werden (z. B. per E-Mail). Die Reedereien benötigen diese Angaben zur schnelleren Abfertigung bei der Ein- und Ausschiffung und für eine reibungslose Passkontrolle. Der Fragebogen ist verpflichtend. Bei Nichtbeachtung kommt es bei der Einschiffung zu Problemen.

> TIPP: *Wenn Sie Ihre Bestätigung, aber kein Bordmanifest bekommen haben, sollten Sie unbedingt rasch bei der Kreuzfahrtgesellschaft oder Ihrem Reisebüro nachhaken.*

## BORDSPRACHE

Die Bordsprache ist üblicherweise Englisch. Das gilt allerdings nicht für die Reedereien, die ihre Kreuzfahrten ausschließlich auf das deutsche Publikum ausgerichtet haben wie AIDA, TUI, FTI, Hapag Lloyd, PlanTours, Phoenix und Trans Oceans. Hier benötigen Sie nicht unbedingt Fremdsprachenkenntnisse. Costa und MSC haben mehrere Bordsprachen, in der Regel Englisch,

Italienisch und Deutsch, und auch auf den meisten amerikanischen Schiffen gibt es an Bord jemanden, der Deutsch spricht und weiterhelfen kann. Wenn Sie Glück haben, wird Ihnen auf amerikanischen Schiffen sogar eine deutschsprachige Speisekarte gereicht. Zumindest grundlegende Englischkenntnisse sind aber in jedem Fall hilfreich, damit Sie dem Kellner gegenüber Ihre Wünsche formulieren können.

> TIPP: *Seien Sie mutig, denn die überwiegend von deutschen Passagieren geprägten Schiffe fahren nicht unbedingt auf allen Routen und laufen nicht alle Häfen an. Auf einem amerikanischen Kreuzfahrtschiff kommen Sie auch mit geringen Englischkenntnissen zurecht, doch nehmen Sie zur Sicherheit ein kleines Englischwörterbuch mit. Auch wenn Sie relativ sicher in der englischen Sprache sind, fehlt Ihnen vielleicht doch hin und wieder ein Wort, gerade in Sachen Speisen und Getränke, die nicht unbedingt zum Schulwortschatz gehören.*

## BORDWÄHRUNG

Die Bordwährung auf den deutschsprachigen Schiffen ist Euro, auf den amerikanischen und internationalen Schiffen US-Dollar. Bezahlen Sie an Bord in einer anderen als der für die jeweilige Kreuzfahrt geltenden Bordwährung, berechnet die Kreuzfahrtgesellschaft u. U. Umrechnungsgebühren, die deutlich höher sind als die Ihrer eigenen Kreditkartengesellschaft. Bei Royal Caribbean International und Celebrity Cruises liegen sie beispielweise bei 3 %.

> **TIPP:** *Außerhalb des Euro-Raums fahren Sie auch wegen des günstigen Euro-Dollar-Kurses wesentlich besser, wenn Sie in Dollar bezahlen, als sich Ihr Bordkonto in Euro umrechnen zu lassen.*

## BOUTIQUEN / GESCHÄFTE / ZOLLFREI EINKAUFEN

Je größer das Schiff, desto mehr Läden gibt es. Die Geschäfte sind allerdings nur an den Seetagen geöffnet bzw. wenn das Schiff nach dem Auslaufen auf hoher See ist. Vor dem Anlegen in der Drei-Meilen-Zone werden sie geschlossen und z. T. auch versiegelt. Das Angebot variiert von Schiff zu Schiff und reicht von Parfum, Schmuck und Kleidung bis zu Alkohol und Zigaretten. Meist handelt es sich um Markenware großer internationaler Firmen. Ob die Angebote wirklich günstiger sind als an Land, sollten Sie prüfen. Es kommt darauf an, in welcher Region Ihre Kreuzfahrt stattfindet. An einigen Tagen und besonders gegen Ende der Fahrt bauen die Läden vorm Eingang Sondertische mit reduzierten Waren auf (Schmuck, Parfums, Uhren, Handtaschen, Schals, T-Shirts u. a.). Was das Einkaufen an Bord relativ günstig macht, ist die Tatsache, dass außerhalb der Drei-Meilen-Zone auf See zollfrei eingekauft werden kann, was zu Preisvorteilen führen kann.

> **TIPP:** *Am meisten sparen kann man auf Kreuzfahrten allerdings in den Duty-free-Shops der Häfen. Da sind Zigaretten, T-Shirts, Alkohol und Parfums oft noch deutlich günstiger als an Bord.*

## BRÜCKE

Die Brücke ist auf Kreuzfahrtschiffen das »Heiligtum«. Hier geht der verantwortliche Schiffsführer, der Kapitän, seinen vielfältigen nautischen, technischen und kaufmännischen Arbeiten nach. Zu seinem Aufgabenbereich gehört außerdem die Sicherheit. In der Hierarchie direkt unter ihm stehen der Erste Offizier (Staff-Kapitän) und der Leitende Ingenieur.

Viele Passagiere reizt es, einmal die Brücke zu besichtigen, was seit den Anschlägen des 11. Septembers auf den meisten Kreuzfahrtschiffen jedoch nicht mehr möglich ist. Aus Sicherheitsgründen ist die Besichtigung sowohl der Brücke als auch der Maschinenräume nicht mehr zugelassen. Die amerikanischen Reedereien sind hier besonders strikt.

> TIPP: *Fragen Sie einfach trotzdem einmal bei der Rezeption oder dem Kreuzfahrtdirektor nach. Die Entscheidungsbefugnis hat letztlich der Kapitän.*

## BRÜCKENNOCK

Die Brücke ragt oft rechts und links über das eigentliche Schiff hinaus. Diese sogenannte Brückennock ist mit zusätzlichem Steuerstand und elektronischen Geräten ausgestattet. Hier hat der Kapitän bei allen Manövern eine bessere Übersicht. Bei älteren Schiffen ist dieser Bereich oft nicht überdacht.

## BÜCHEREI s. BIBLIOTHEK

## BUCHUNG DER REISE

Die meisten deutschen Urlauber buchen über ein Reisebüro. Darüber hinaus gibt es eine Menge Spezialportale wie Kreuzfahrtberater.de, Cruise24.de, E-Hoi.de oder Kreuzfahrten.de. Zudem stehen die Portale der Kreuzfahrtgesellschaften zur Verfügung. Die Buchungsvarianten haben ihre jeweiligen Vor- und Nachteile.

Gesellschaftsübergreifende Kreuzfahrtportale sind für erfahrenere Kreuzfahrturlauber oder auch für Leute hilfreich, die sich erst einmal einen Überblick verschaffen wollen. Ein Vorteil dieser Portale können der Preis und eventuelle Zusatzleistungen (Bordguthaben, kostenlose Getränkepakete etc.) sein. Diese Portale bieten bei Fragen auch einen guten Telefonservice und geschultes Personal an.

Reisebüros verfügen ebenfalls über qualifiziertes Personal, das sich mit den Kreuzfahrtlinien auskennt. Wer unsicher ist und z. B. die Reise inkl. Flug, Vorübernachtung etc. aus einer Hand haben will, ist bei einem Reisebüro gut aufgehoben.

Bei den Kreuzfahrtlinien selbst erhalten Sie auch kompetente Beratung, aber natürlich ausschließlich zu den Schiffen der je-

## BUCHUNG DER REISE

weiligen Linie. Alternativen werden Ihnen nicht angeboten. Hier sind Sie gut aufgehoben, wenn Sie sich ausschließlich für eine bestimmte Kreuzfahrtlinie interessieren. Dass die Buchung bei der Reederei günstiger wäre, ist allerdings ein Trugschluss.

Immer wieder stellt man sich die Frage, wann der richtige Buchungszeitpunkt ist. Wenn Sie möglichst früh, also z. B. ein Jahr vor Reiseantritt, buchen, haben Sie freie Kabinenwahl und können sich Ihre Wunschkabine aussuchen. Zu diesem Zeitpunkt sind die Reisen auch noch relativ günstig.

Meist steigen die Preise mit der Zeit und kurz vorher. Ist die Reise nicht ausgebucht, kann es aber auch passieren, dass der Preis wieder fällt oder zusätzliche Anreize (wie ein kostenloses Getränkepaket) angeboten werden.

Die Qual der Wahl bleibt also. Zu bedenken ist auch, dass bei einer kurzfristigen Entscheidung die Anreise per Flug entsprechend teurer sein wird, sodass der gewonnene Preisvorteil sich vielleicht aufhebt.

> **TIPP:** *Gehen Sie nicht ganz unvorbereitet zu Ihrem Reisebüro oder in ein telefonisches Beratungsgespräch. Überlegen Sie vorab, wohin Sie fahren wollen: eher in die Nähe oder in die Ferne; was für ein Kreuzfahrtschiff Ihnen vorschwebt: ein großes oder kleines, ein deutsch- oder ein englischsprachiges Schiff, ein traditioneller oder ein legerer Stil; und was für eine Kabine Sie sich wünschen: eine Innen-, eine Außenkabine, eine mit Balkon. Natürlich nicht zu vergessen: welches Budget Sie einplanen. Wenn Sie diese Rahmendaten für sich definiert haben, ist die Beratung für das Reisebüro deutlich leichter.*

# BUG / HECK

## BUFFETRESTAURANT

Auf fast allen Schiffen gibt es ein Buffet-Selbstbedienungsrestaurant. Meistens liegt es auf den obersten Decks neben den Pools. Es ist fast rund um die Uhr geöffnet und nur für kurze Zeit gesperrt (manchmal auch nur eine Seite des Restaurants). In den Selbstbedienungsrestaurants ist die Auswahl sehr groß und reicht von den verschiedensten Sorten Brot, Wurst, Käse über ein reichhaltiges warmes und kaltes Essensangebot bis zu einer Vielzahl von Nachspeisen und Kuchen. Auch Softdrinks sowie Wasser und Kaffee stehen kostenfrei zur Verfügung (bei AIDA und TUI auch Wein und gezapftes Bier). Wer also das Essen im Speisesaal mit Menükarte und Bedienung nicht mag oder zwischendurch nur schnell eine Kleinigkeit zu sich nehmen möchte, ist hier bestens aufgehoben.

> TIPP: *Bei geplanten frühen Landausflügen geht es deutlich schneller, wenn man im Selbstbedienungsrestaurant frühstückt; so kann man ein bisschen länger schlafen.*

## BUG / HECK

Der Bug (bow) ist der vordere Teil eines Schiffs, das Heck (stern) der hintere. Jedes Kreuzfahrtschiff verfügt über Stabilisatoren, die die Wellenbewegungen ausgleichen. Trotzdem können bei höherem Seegang Schwankungen nicht komplett vermieden wer-

BUTLER- / CONCIERGE-SERVICE

den. Haben Sie damit Probleme, sollten Sie eine Kabine in der Schiffsmitte wählen, wo die Bewegungen weniger spürbar sind.

## BUTLER- / CONCIERGE-SERVICE

Auf den Schiffen gibt es zusätzlich zu normalen Kabinen auch Suiten. Deren Bewohnern stehen auf dem Schiff nicht nur besondere Räumlichkeiten zu (spezielle Lounge, spezielles Restaurant oder spezieller Liegebereich, eigener Check-in), sondern auch ein Butler- und Concierge-Service.

Die Aufgaben des Butlers bzw. des Concierge sind auf den Kreuzfahrtschiffen ganz unterschiedlich definiert. Der Butler ist, grob gesagt, für alles zuständig, was Ihre Kabine und Ihr Wohlbefinden betrifft, vom Auspacken des Gepäcks über das Bringen von Essen, Snacks und dem Nachmittagstee bis zum Auffüllen des Kaffeeautomaten. Der Concierge ist bei allen Buchungen behilflich, etwa von Landausflügen, Mietwagen oder Restaurants, und den Tender-Service (s. dort). Man erkennt ihn an der Reversnadel mit zwei gekreuzten Schlüsseln, den sogenannten Clés.

> TIPP: *Wenn Sie sich eine Suite gönnen können, nutzen Sie den angebotenen Butler-/Concierge-Service und lassen sich einfach verwöhnen!*

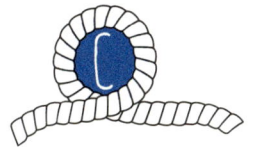

## CAPTAIN'S DINNER

Ein Captain's Dinner gibt es nicht mehr auf jedem Kreuzfahrtschiff. Es wird vor allem auf Kreuzfahrtschiffen zelebriert, die die Tradition pflegen, also etwa der MS EUROPA oder denen der Cunard Line. Oft ist das Captain's Dinner, ein sehr ausgesuchtes, feines Essen, der krönende Abschluss einer Reise. Hier ist dann auch eine entsprechende Kleiderordnung (»formal«) vorgegeben. Die meisten Schiffe beschränken die Vorstellung des Kapitäns auf einen Cocktail an Deck oder im Theater.

An den Kapitänstisch werden beim Captain's Dinner Gäste eingeladen, die schon sehr oft mit der Kreuzfahrtlinie gefahren sind, oder auch Prominente. Der Herr trägt einen dunklen Anzug oder einen Smoking, die Dame ein Cocktail- oder Abendkleid. An dem Abend ziehen aber nicht nur die Geladenen am Tisch des Kapitäns festlich-elegante Abendkleidung an, sondern sämtliche Gäste im Speisesaal.

> TIPP: *Sollten Sie auf das Captain's Dinner verzichten wollen, gehen Sie am betreffenden Abend einfach im Schnellrestaurant essen.*

# CODES

Auf die Durchsage »Code Alpha« oder »Code Blue« müssen Sie nicht reagieren. Es handelt sich hierbei um einen Security Code für die Besatzung, der anzeigt, dass ein medizinischer Notfall eingetreten ist. Weitere Codes sind »Code Bravo« (Feuer an Bord oder Mann über Bord) und »Code Red«/»Code Orange« (Noro-Virus an Bord).

## CONCIERGE-SERVICE s. BUTLER- / CONCIERGE-SERVICE

## CREW

Die Crew, vom Kabinensteward bis zum Mechaniker, lebt in einem eigenen Bereich, der sich meist in den untersten Decks (1 und ggf. 2) befindet. In diese zweite, in schlichtem Cremeweiß

## CREW

gehaltene Kreuzfahrtwelt führt in der Regel ein (liebevoll »Autobahn« genannter) Hauptgang, von dem alles abzweigt. Hier existiert eine komplette weitere Infrastruktur mit Kabinen und Küche. Das Essen ist vielfältig und auf die Bedürfnisse, Kulturen und Religionen der Crewmitglieder abgestimmt. In der Regel teilen sich zwei Personen eine Kabine mit Stockbetten (oft auch ohne Blick nach draußen). Die Offiziere und anderen Vertreter gehobener Positionen haben eine Kabine für sich allein. Es gibt auch Pausen- und Raucherräume sowie Betätigungsmöglichkeiten (Spiele, eigener Decksbereich).

Das Gros der Mitarbeiter arbeitet sechs bis neun Monate auf dem Schiff, während die Offiziere und das Management oft schon nach vier bis sechs Monaten wechseln.

Diese Welt ist komplett abgeschirmt, der normale Passagier hat keine Möglichkeit, hinter die Kulissen zu schauen.

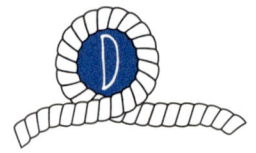

## DECKS / DECKSPLAN

Beim Einchecken erhalten Sie mit Ihren Unterlagen einen Decksplan, der Ihnen die Orientierung auf dem Schiff erleichtern soll, etwa die Suche nach Ihrer Kabine. Sollten Sie keinen bekommen, fragen Sie an der Rezeption nach. Sie können sich aber vorab auch im Internet über Ihr Schiff informieren. Der Decksplan ist ein nützlicher Begleiter an den ersten ein bis zwei Tagen, bis Sie sich an Bord zurechtfinden. Neben den Aufzügen ist oft eine Übersicht angebracht, die Ihnen zeigt, wo Sie sich gerade befinden und in welche Richtung Sie gehen müssen, um Ihr Ziel zu erreichen.

> **TIPP:** *Bereiten Sie sich schon im Vorfeld auf Ihre Reise mit dem Kreuzfahrtschiff vor, und drucken Sie sich einen Decksplan aus dem Internet aus. Je größer, desto unübersichtlicher ist ein Schiff und desto besser hilft Ihnen der Decksplan dabei, sich vor Ort zu orientieren.*

## DECKSTÜHLE S. LIEGEN

## DIÄTKOST S. ALLERGIEN / DIÄTKOST

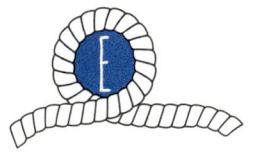

# EIN- UND AUSSCHIFFEN

Vor Antritt der Reise bekommen Sie mit Ihren Unterlagen Kofferetiketten (oder Sie müssen sie sich im Internet herunterladen). Auf dem Anhänger sind Ihr Name vermerkt sowie Angaben dazu, welche Reise und welche Kabine Sie gebucht haben. Bei Ausdruck des Etiketts auf normalem Papier kann es leicht reißen. Am besten besorgen Sie sich eine Schutzhülle oder basteln sich aus einer Klarsichthülle eine. Bringen Sie den Anhänger an Ihrem Koffer an.

Das Einschiffen findet erst einige Stunden vor der Abfahrt statt. Zuvor müssen die vorherigen Gäste das Schiff verlassen und die Kabinen müssen gereinigt werden. Meist gehen die Vorgängerpassagiere bis spätestens 11 Uhr von Bord. Einige Kreuzfahrtgesellschaften bieten gegen Zusatzgebühr einen Late-Check-out bis zum Nachmittag an.

Geben Sie Ihren Koffer bei der Kofferabgabe ab, bevor Sie sich zum Terminal begeben. Sollten Sie den Anhänger vergessen haben, erhalten Sie vor Ort einen provisorischen. Ihr Koffer wird Ihnen bis vor die Kabinentür geliefert, was aber etwas länger dauern kann.

Vor Ende der Kreuzfahrt bekommen Sie, oft bereits zwei bis drei Tage vorher, ein stabiles Etikett in einer bestimmten Farbe und einen Begleitbrief für das Auschecken. Hier finden Sie auch Angaben dazu, wann Sie auschecken, wie dies vor sich geht und wo Sie Ihren Koffer wiederfinden. Denken Sie daran, die wichtigsten Utensilien für den nächsten Tag (Nachtwäsche, Zahnbürste und Zahnpasta, Haarbürste etc.) statt in Ihren Koffer in Ihr Handgepäck zu stecken. Meist müssen Sie Ihren Koffer am Vorabend bis 23 Uhr auf den Gang gestellt haben.

Am nächsten Morgen müssen Sie Ihre Kabine zu einem frühen Zeitpunkt, meist zwischen 8 und 9 Uhr, verlassen haben und in den öffentlichen Räumen (Bars, Theater) auf Ihren Aufruf warten. Sie werden entweder nach Deck oder nach Farbe zum Ausschiffen aufgerufen. In der Terminalhalle nehmen Sie dann Ihre wieder nach Farbe bzw. Deck sortierten Gepäckstücke in Empfang. Ggf. müssen Sie noch die Zollkontrolle passieren.

> TIPP: *Sollten Sie einen eigenen Shuttle, z. B. ein Taxi, gebucht haben, brauchen Sie Ihr Gepäck nicht abzugeben, sondern können das Schiff auch mit Gepäck verlassen. Sollte die auf Ihrem Anhänger angegebene Uhrzeit nicht zu Ihrem gebuchten Transfer passen, können Sie sich an der Rezeption einen anderen Anhänger geben lassen.*

# EINREISEBESTIMMUNGEN

In Europa benötigen Sie für Kreuzfahrten nur Ihren Personalausweis. Mit einem noch sechs Monate gültigen Reisepass sind Sie jedoch immer auf der sicheren Seite, egal ob Sie ein Nah- oder ein Fernziel gebucht haben. In Ihren Reiseunterlagen findet sich meist eine Angabe der Kreuzfahrtgesellschaft, ob Sie im Vorfeld ein Visum beantragen müssen (z. B. für Indien, China, Russland). Wenn Sie unsicher sind, gehen Sie auf die Website des Auswärtigen Amtes, und schauen Sie nach, was benötigt

## EINREISEBESTIMMUNGEN

wird. Manche Visa benötigen einige Vorlaufzeit. Viele Visa erhalten Sie aber auch während Ihrer Kreuzfahrt; entweder kommt ein Beamter an Bord und bringt in Ihrem Pass einen Stempel an, nachdem Sie persönlich erschienen sind, oder die Pässe der Passagiere werden beim Check-in eingesammelt.

Ein Sonderfall sind die USA, die ihre Bestimmungen 2009 geändert haben. Einreisende Personen, die den Boden der USA betreten wollen, müssen eine gültige ESTA-Genehmigung (VISA Waiver Programm) vorlegen. Das gilt selbst bei einer Zwischenlandung in den USA und einem Umstieg in ein anderes Flugzeug oder wenn Ihr Schiff in einem amerikanischen Hafen anlegt. Für die Beantragung benötigen Sie Ihren Reisepass und eine Kreditkarte (VISA, Mastercard, American Express). Ohne Kreditkarte können keine Zahlungen vorgenommen werden. ESTA gilt für jeden, der nicht der Visumspflicht unterliegt, also z. B. für Bürger aus Deutschland, Österreich und der Schweiz. Das Formular muss online mindestens 72 Stunden vorher beantragt werden und kostet 14 US-$ pro Person. Die Dokumente können Sie sich ausdrucken. Es ist sinnvoll, den Antrag früher zu stellen, damit für den Fall einer Ablehnung noch Zeit für den Besuch eines amerikanischen Konsulats bleibt. Hier die Adresse der Anmeldeseite: www.esta.us/deutsch.

> TIPP: *Die geforderte 72-Stunden-Frist für die Beantragung sollten Sie natürlich einhalten. ESTA erlaubt zur Not aber auch Registrierungen bis kurz vor dem Abflug.*

Die ESTA-Genehmigung kann auch für Folgereisen genutzt werden, denn sie ist zwei Jahre für eine Aufenthaltsdauer von jeweils maximal 90 Tagen gültig. Sollten Sie in diesem Zeitraum allerdings einen neuen Reisepass benötigen oder Name, Staatsangehörigkeit oder Wohnsitz geändert haben, müssen Sie die ESTA-Genehmigung neu beantragen.

# ESSEN S. A. CAPTAIN'S DINNER, FRÜHSTÜCK, BUFFETRESTAURANT, BEZAHLRESTAURANT

Essen und Getränke sind bei Kreuzfahrtreisen zentrale Themen. Mein Schiff, Holland America, Celebrity oder Cunard und natürlich die Luxusliner legen besonderen Wert auf hohe Qualität. Die Speisen sind exquisit und optisch eine Augenweide.

Bei MEIN SCHIFF 5 gibt es z. B. unzählig viele Brot- und Brötchensorten sowie 120 Käsespezialitäten, und es verfügt über zwölf Küchen mit insgesamt rund 180 Köchen. Andere Kreuzfahrtlinien, wie z. B. AIDA, legen mehr Wert auf deutsche Hausmannskost. Das Angebot auf den amerikanischen Schiffen in puncto Brot, Brötchen, Käse und Wurst kann sich mit dem der deutschen Schiffe nicht messen. Dafür sind sie in anderen Bereichen, etwa Steaks und Fisch, gut aufgestellt. Außerdem findet man dort fast immer eine Hamburger- und/oder Hot-Dog-Station. Auf allen größeren Schiffen wird zudem italienische und japanische Küche geboten. Es sollte also für jeden Geschmack etwas dabei sein, wobei man auf fast allen Schiffen 16 bis 24 Stunden etwas zu sich nehmen kann.

Ein insgesamt gutes Preis-Leistungsverhältnis in Bezug auf Speisen hat TUI, aber auch auf allen anderen Schiffen werden Sie nicht nur satt, sondern auch mit Leckerem verwöhnt. Bei den preisgünstigen Kreuzfahrtlinien (z. B. Costa) liegen Qualität und Menge der Speisen jedoch auf keinem vergleichbaren Level.

Die meisten Schiffe bieten zwei Tischzeiten an, die erste gegen 18:00 und die zweite gegen 20:30 Uhr. Bei der Anmeldung

ESSEN S. A. CAPTAIN'S DINNER, FRÜHSTÜCK, BUFFETRESTAURANT ...

sollten Sie die gewünschte Tischzeit und Tischgröße angeben; es gibt Zweier-, Vierer-, Sechser- und Achtertische. Bei der Free-Dining-Variante (AIDA, TUI, Norwegian Cruise Line) entfällt die Wahl der Tischgröße; hier kommt und geht jeder, wie er will.

> TIPP: *Wenn Sie im Speisesaal keine Überraschung erleben möchten und für den Zeitraum mehrerer Tage oder Wochen mit bestimmten Mitpassagieren am Tisch sitzen wollen, gehen Sie als Erstes zum Maitre. Er steht am ersten Tag meist gegen Mittag zur Verfügung (ggf. bei der Rezeption fragen). Lassen Sie sich Ihren Tisch zeigen und versuchen Sie ggf., die Platzierung Ihren Wünschen entsprechend verändern zu lassen. Das klappt oft allerdings erst am zweiten Abend und gilt nur für Schiffe ohne Free Dining.*

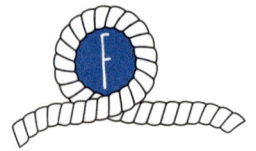

## FAHRSTUHL

Ein Schiff ohne Fahrstühle ist kaum vorstellbar. Jedes größere Kreuzfahrtschiff hat bis zu zwölf oder noch mehr Decks, da könnte es sehr anstrengend sein, immer treppauf und treppab laufen zu müssen. Die Fahrstühle sind so gebaut, dass sie selbst bei stärkerem Seegang in Betrieb sein können. Es kann sogar gefährlicher sein, statt des Fahrstuhls eine der steilen Treppen zu benutzen. Die Fahrstühle werden nur in Ausnahmefällen gesperrt, etwa bei Sturm oder einem Brand. Sie sind meist geräumig, d. h. oft für bis zu 20 Personen ausgelegt. Auch Rollstühle passen bequem hinein.

Bei den meisten Kreuzfahrtlinien (z. B. AIDA, TUI) gibt es übrigens kein 13. Deck, bei dem der Fahrstuhl halten könnte, weil viele Menschen mit der Zahl 13 Unheil verbinden. (Dies wird u. a. auf das letzte Abendmahl zurückgeführt, bei dem der Verräter Judas als Dreizehnter dabei war.) Deswegen gibt es kein Deck mit dieser Zahl; vielmehr folgt auf Deck 12 direkt Deck 14.

## FAREWELL DINNER

Der Abschlussabend samt Abendessen wird oft auch Farewell Dinner genannt.

# FITNESS s. a. SPORT

Die Spa- und Fitnessbereiche nehmen auf den Schiffen einen immer größeren Raum ein, sie sind oft mehrere Hundert bis 2.000 Quadratmeter groß. Auf der Outdoor-Jogging-Bahn wird unter freiem Himmel Sport betrieben.

Oft sind ein oder mehrere Trainer zugegen, die Ihnen kostenlose Tipps geben. Die Geräte reichen vom Laufband über Cardio-Geräte bis zu Geräten für gezieltes Gewichts-, Kraft- und Ausdauertraining oder Indoor Cycling. Natürlich werden auch gebührenfreie und -pflichtige Kurse angeboten. Sie finden sie im Tagesprogramm Ihres Schiffs: Yoga, Stretching, Spinning, Pilates, Lauftraining, Kickboxen u. a. Alle Fitnessräume haben riesige Fenster nach außen, sodass das Training nicht zur Qual wird, sondern Sie ganz im Gegenteil zu Höchstleistungen animiert. Wo kann man schöner trainieren als mit Meerblick? Ergänzend werden z. T. auch Fitnessausflüge angeboten.

> **TIPP:** *Die kostenlosen Fitnessangebote sind eine gute Möglichkeit, sich die überflüssigen Pfunde abzutrainieren, die man bei einer Kreuzfahrt ansetzt. Stellen Sie sich am besten schon zu Hause einen Fitnessplan für die Zeit an Bord zusammen.*

## FLY CRUISE

Ist von einer »Fly Cruise« die Rede, handelt es sich um eine Kreuzfahrt inklusive Flug.

## FOTOGRAF

Auf jedem Schiff befinden sich professionelle Fotografen. Das erste Foto von Ihnen wird dabei meist schon geschossen, bevor Sie einen Schritt auf Ihr Schiff gesetzt haben. Die Fotografen werden Ihnen außerdem bei jedem Ausflug über den Weg laufen – wenn Sie vom Schiff gehen oder auf dem Ausflug selbst. Auch abends sind sie unterwegs, vor allem bei formellen Anlässen.

Besonders geliebt und zelebriert wird das Fotografieren auf amerikanischen Schiffen. An bestimmten Abenden werden auf den verschiedenen Decks kleine Fotostudios aufgebaut und z. T. mit entsprechenden Hintergründen, Möbeln und Ausstattungsstücken versehen, etwa einem weißen Flügel mit Rosen, einem berankten Balkon, einem vergrößerten Bild vom Schiff oder Kleidung aus vergangenen Jahrhunderten zum Überziehen. Da Amerikaner anscheinend wenig Gelegenheit für professionelle Fotos haben, besuchen sie vorher gern den Bordfriseur und putzen sich heraus.

Am darauffolgenden Abend können Sie sich die Bilder dann im Fotogeschäft ansehen und bei Bedarf kaufen. Bei den moderneren Schiffen können die Bilder manchmal über Gesichtserkennung aufgerufen und bestellt werden. Auch besteht die Möglichkeit, sie sich gegen Aufpreis digital speichern zu lassen.

Ein Bild ist immer eine schöne Erinnerung, die Preise variieren allerdings stark, von 6 bis 29 € pro Foto. Auf jedem Schiff können Sie auch eine DVD mit den wichtigsten Reise-Highlights erwerben.

Darüber hinaus gibt es auf jedem Schiff ein Fotostudio, wo Sie ein professionelles Shooting machen lassen können. Dies ist nicht ganz preiswert, aber eine gute Gelegenheit, einmal ein schönes Bild mit Ihrem Partner bzw. Ihrer Partnerin zu bekommen. Die Preise bewegen sich je nach Aufwand und Zahl der Bilder zwischen 90 und 300 €.

> TIPP: *Die Fotos sind zwar nicht ganz billig, aber wann wird man im Urlaub schon einmal zu zweit fotografiert? Selfies reichen an professionelle Bilder qualitativ dann doch nicht heran.*

# FRANZÖSISCHER BALKON

Ein französischer Balkon ist kein Balkon, wie man ihn üblicherweise kennt, sondern eine Glastür mit einem Gittergeländer davor, sodass man rausschauen und sie zwar öffnen, aber nicht hinaustreten kann. Über französische Balkone verfügen die meisten Flusskreuzfahrtschiffe. Es gibt z. B. nur ganz wenige Kreuzfahrtschiffe auf dem Nil, die ein paar »richtige« Balkonkabinen (oder auch Suiten) haben.

FREESTYLE CRUISING

## FREESTYLE CRUISING
Unter Freestyle Cruising versteht man eine Kreuzfahrt mit freien Essenszeiten und ohne Kleidungsvorschriften.

## FREIHAFEN
Ein Freihafen ist ein Hafen ohne Zollvorschriften.

## FREMDSPRACHENKENNTNISSE s. a. BORDSPRACHE
Wenn Sie auf deutschsprachigen Schiffen unterwegs sind, sind Fremdsprachenkenntnisse nicht unbedingt erforderlich. Wenn Sie aber z. B. in die USA reisen, dort von Bord gehen und in den Häfen oder Städten allein unterwegs sind, sind Englischkenntnisse hilfreich. Das gilt auch für viele nicht-englischsprachige Länder. Auch werden oft Ausflüge nicht unbedingt in deutscher Sprache angeboten.

> TIPP: *Egal, wo Sie unterwegs sind (ausgenommen im deutschsprachigen Raum), nehmen Sie ein kleines Englischwörterbuch mit.*

## FRISEUR
Waschen, schneiden, föhnen oder färben? Sie haben es vor Ihrem Urlaub nicht mehr geschafft, zum Friseur zu gehen? Kein Problem: Auf jedem Schiff gibt es einen Friseursalon. Die Salons sind alle genauso gut mit Friseuren ausgestattet, die ihr Handwerk erlernt haben, wie die an Land. Ja, auf dem einen oder anderen Schiff kann man sogar einen Star-Coiffeur antref-

fen. Die Preise haben in etwa das Niveau wie an Land, vielleicht liegen sie ein bisschen höher. So kostet z. B. Waschen, Schneiden und Föhnen für Damen je nach Haarlänge zwischen 35 und 55 €, Herren zahlen weniger. Manchmal gibt es auch Angebotstage, die Sie Ihrer Bordzeitung entnehmen können.

> TIPP: *Sie können den Friseur an Bord unbesorgt besuchen. Hier sind Könner am Werk, zu nur unwesentlich höheren Preisen.*

## FRÜHBUCHERRABATT

An Bord Ihres Kreuzfahrtschiffs werden Ihnen oft schon Reisen in den kommenden Jahren mit einem kleinen Rabatt von z. B. 3 % angeboten, oder Sie sollen eine Anzahlung von z. B. 400 € tätigen und bekommen bei der nächsten Reise einen Gegenwert von 600 €. In der Urlaubslaune, in der man sich gerade befindet, ist man geneigt, gleich Nägel mit Köpfen zu machen. Die Angebote sind aber meist nicht so lukrativ (es handelt sich oft um die Katalogpreise, nicht um Tagespreise), dass man nicht zu Hause in Ruhe die Wunschkreuzfahrt suchen und den gleichen Preis erzielen könnte. Nicht jeder Frühbucherpreis ist ein Schnäppchen.

> TIPP: *Buchen Sie Ihre nächste Kreuzfahrt am besten von zu Hause aus. Da bleibt Ihnen mehr Zeit für den Preisvergleich, und gute Preise finden Sie auch über Ihr Reisebüro oder im Internet.*

## FRÜHSTÜCK

Auf deutschen Schiffen ist das Frühstück wesentlich üppiger als auf amerikanischen. Bei Mein Schiff hat der Gast die Wahl zwischen rund 20 Sorten Brot und Brötchen, bei AIDA ist darüber hinaus auch eine große Auswahl an Käse und Wurst vorhanden. Auf den amerikanischen Schiffen ist die Auswahl an Brot hingegen ebenso übersichtlich wie die an Wurst und Käse. Der Schwerpunkt liegt hier mehr auf Warmem wie Pfannkuchen, Waffeln, Würstchen und Speck. Auch Donuts, spezielle Eiergerichte wie Eggs Benedict und viele Sorten an Frühstückszerealien gehören zum Repertoire amerikanischer Schiffe.

Müsli und Joghurt gibt es auf jedem Schiff, auf den amerikanischen oft abgepackt im Becher. Laktosefreie Milch oder Sojamilch sind auch auf allen Schiffen erhältlich. Fragen Sie im Zweifelsfall danach.

Auf allen Schiffen gibt es zudem eine kleine Auswahl an Säften, natürlich inkl. des obligatorischen Orangensafts, der auf einigen amerikanischen Schiffen sogar kostenlos frisch gepresst angeboten wird.

Der Kaffee ist meist nicht besonders gut, wobei der Automat und die Einfüllmenge des Kaffees dafür sorgen, ob er stark oder schwach ist. Wer richtig guten Kaffee schätzt, sollte in eine Bord-Kaffeebar gehen und dort (meist gegen Bezahlung) seinen Cappuccino oder Espresso trinken.

> TIPP: *Das reichhaltigste Frühstücksangebot finden Sie in den Schnellrestaurants, in den Bedienrestaurants ist es deutlich geringer.*

## FUN CRUISE / FUN SHIP

Die Reedereien haben ihr je eigenes Profil. So versteht sich z. B. Carnival als Fun-Ship-Reederei (»Spaß-Schifffahrtsgesellschaft«) und versucht, sein Angebot, etwa sein Unterhaltungs- und Sportprogramm, auf jüngere Leute auszurichten.

## FÜNF MAHLZEITEN

Vier bis fünf Mahlzeiten am Tag können an Bord zur Regel werden, denn die Meeresluft sorgt für ständigen Appetit. Und es gibt kein Schiff, auf dem Sie nicht fast rund um die Uhr essen könnten.

## GALLEY s. KÜCHE

## GARDEROBE

Dass auf Kreuzfahrten elegante Kleidung zwingend benötigt wird, ist ein Vorurteil. Die Dresscodes sind so unterschiedlich wie die Kreuzfahrten selbst.

Sollten Sie sich einen der Luxusliner oder ein Cunard-Schiff ausgesucht haben, kommen Sie um feine Kleidung nicht herum. Auf Letzteren (etwa QUEEN MARY 2, QUEEN ELIZABETH, QUEEN VICTORIA) sind die meisten Abende »Informal«-Abende, was aber bereits heißt, dass man in Jackett bzw. Cocktail- oder Abendkleid zu erscheinen hat. Bei den »Formal«-Abenden sind Smoking bzw. Abendkleid angesagt. Andere Schiffe, so die amerikanischen, haben je nach Dauer der Kreuzfahrt ein bis drei elegante Abende/Anlässe bzw. das Captain's Dinner. Auch hier werden Anzug/Jackett/Smoking und Cocktail-/Abendkleid erwartet.

Auf Clubschiffen wie denen von AIDA, Mein Schiff oder Norwegian Cruise Line sind Sie tagsüber und abends in bequemem Freizeit-Outfit willkommen. Hier heißt die Parole leger oder sportlich-leger. Zum Abendessen sieht man bei den Herren aber auch hier gern eine lange Hose.

# GEPÄCK S. A. KOFFER, PACKLISTE

> **TIPP:** *Der eine liebt es, sich schick zu machen, der andere vermeidet dies eher. Achten Sie bei der Wahl des Schiffs daher auf seinen Dresscode. Sollten Sie die eleganten Abende scheuen, gehen Sie ins Buffetrestaurant essen, da gibt es keine Kleiderordnung.*

## GELD / WÄHRUNG S. BARGELD, BORDWÄHRUNG

## GEPÄCK S. A. KOFFER, PACKLISTE

Auf Kreuzfahrtschiffen gibt es keine Gepäckbeschränkungen. Aber natürlich müssen Sie schauen, wie viele Kilo Sie in den Flieger mitnehmen dürfen. Dies sind in der Economy Class auf Langstrecken meist 20 bis 23 kg (von Ausnahmen wie z. B. den Turkish Airlines mit 30 kg abgesehen). Auch verfügen nicht alle Kabinen an Bord über viel Stauraum. Dies ist bei jeder Kreuzfahrtgesellschaft unterschiedlich und reicht von kleinen bis zu begehbaren Schränken.

Aber einige Reiseutensilien wie Badehandtücher oder -mäntel kann man auch getrost zu Hause lassen, denn Sie bekommen sie auf jedem Kreuzfahrtschiff gestellt. Auch Haarshampoo und Duschlotion sind inklusive.

> **TIPP:** *Nehmen Sie nicht zu viel Gepäck mit. Es gibt einen Wäscheservice, und vielleicht wollen Sie ja auch das eine oder andere Souvenir (Parfum, Kleidung etc.) kaufen und brauchen dafür ein 1 bis 2 kg. Bei Übergepäck kann der Rückflug sehr teuer werden.*

GESCHÄFTE S. BOUTIQUEN / GESCHÄFTE / ZOLLFREI EINKAUFEN

## GESCHÄFTE S. BOUTIQUEN / GESCHÄFTE / ZOLLFREI EINKAUFEN

## GESCHICHTE

Auf allen Meeren sind kleine und große Kreuzfahrtschiffe unterwegs, und es werden jährlich mehr. Das Angebot reicht von kleineren Luxusschiffen bis zu Riesen wie der HARMONY OF THE SEAS, die rund 6.000 Passagiere beherbergen kann. Kaum ein Reiseziel ist heute nicht mit einem Kreuzfahrtschiff erreichbar. Die Kreuzfahrt hat eine lange Tradition und reicht weit hinter den Untergang der TITANIC zurück. Die ersten Kreuzfahrten unternahm Mitte des 19. Jahrhunderts das Unternehmen P & O Cruises, das zwischen England und der Iberischen Halbinsel pendelte. Seine Schiffe hatten allerdings auch andere Aufgaben. Das erste reine Kreuzfahrtschiff war die PRINZESSIN VICTORIA LUISE, die im Jahr 1900 von Blohm & Voss fertiggestellt wurde. Seine Klientel waren betuchte Damen, die Anschluss suchten. Bereits damals gab es an Bord ein ausgesuchtes Unterhaltungsprogramm. Was damals nur Reichen vorbehalten war, entwickelte sich vor rund 25 Jahren zu einem Zweig des allgemeinen Tourismus und ist mittlerweile für fast jeden erschwinglich.

## GETRÄNKEPAKET S. ALL-INCLUSIVE / GETRÄNKEPAKET

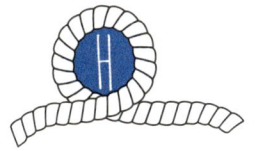

# HANDICAP s. BARRIEREFREIER URLAUB / HANDICAP

# HILFREICHE KLEINIGKEITEN

Ein paar hilfreiche, aber nicht zwingend notwendige Kleinigkeiten können das Leben an Bord noch leichter machen.

Auf amerikanischen Schiffen gibt es oft nur wenige europäische Steckdosen. Nehmen Sie deshalb einen Adapter mit.

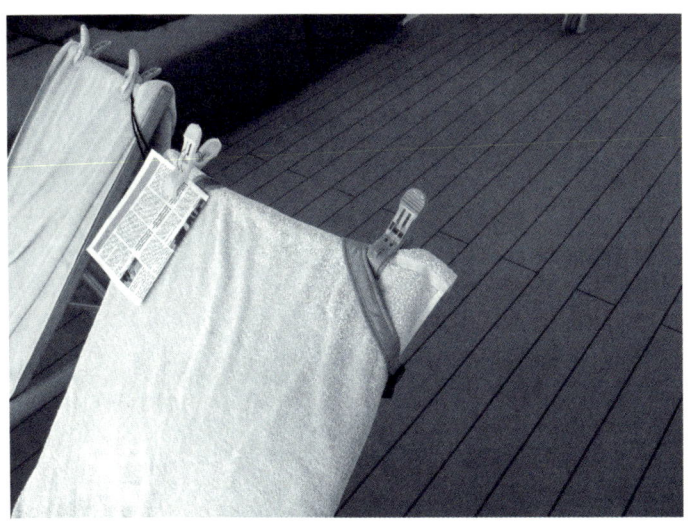

In einem Notizblock oder -buch können Sie jeden Tag Ihre Reiseeindrücke notieren und festhalten. Am Ende einer Reise mit vielen Häfen bekommt man sonst meist kaum noch alles zusammen.

Verstauen Sie eine kleine Taschenlampe im Nachttisch, falls Sie nachts auf die Toilette müssen und Ihren Partner nicht wecken wollen oder für den Fall, dass einmal der Strom ausfallen sollte.

Mit großen Wäscheklammern sorgen Sie dafür, dass Ihr Handtuch nicht vom Liegestuhl geweht wird. Sie sind darüber hinaus vielseitig einsetzbar, u. a. zum blickdichten Verschließen Ihres Vorhangs.

Wieder verschließbare Plastikbeutel haben sich am Strand als Schutz für die Kamera oder die Sonnencreme bewährt.

# HOT MAN (HOTELMANAGER)

Auch auf einem Schiff gibt es einen Hotelmanager, da ein Kreuzfahrtschiff letztlich nichts anderes ist als ein großes Hotel und genau so gemanagt werden muss. Dem Hotelmanager sind die Kabinen, die Rezeption, das Restaurant und der Einkauf unterstellt.

# HYGIENE

Wenn sich mehrere Tausend Menschen auf einem Schiff befinden, ist das Thema Hygiene nicht zu vernachlässigen. Die Standards messen sich meist an den Regeln der USPH (United States Public Health), der Behörde im US-Gesundheitsministeriums für Hygiene an Bord. Als Einrichtung des Gesundheitsministeriums führen die Centers of Disease Control and Preven-

# HYGIENE

tion (CDC) auf allen Schiffen, die amerikanische Häfen anlaufen, regelmäßig Inspektionen durch. Hauptziel ist es, die Ausbreitung von Magen-Darm-Infektionen an Bord zu verhindern.

Auf mehreren Hundert Seiten ist geregelt, wie die Ausgabestelle am Buffet auszusehen hat (es muss z. B. eine Glasabdeckung als Spuckschutz geben), wie die Zangen positioniert werden müssen, dass das Essen alle vier Stunden ausgetauscht werden muss usw. An diesen Regeln orientieren sich fast alle Kreuzfahrtschiffe.

> TIPP: *Nutzen Sie immer die Hygienespender, die überall auf dem Schiff stehen – v. a. vor dem Betreten der Speisesäle, und waschen sich ausgiebig die Hände. Nichts ist schlimmer als ein Magen-Darm-Virus, das sich ausbreitet. Das kann sogar dazu führen, dass das Schiff im Hafen in Quarantäne liegen muss.*

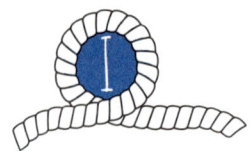

## IMPFUNGEN

Informieren Sie sich frühzeitig vor Ihrer Kreuzfahrt über nötige und empfohlene Impfungen für Ihr Reisegebiet. Hauptansprechpartner hierzu wird sicher Ihr Hausarzt sein, aber auch im Internet finden Sie zuverlässige erste Informationen, z. B. unter http://tropeninstitut.de.

## INTERNET

Die Internetverbindung auf einem Kreuzfahrtschiff muss lange Wege zurücklegen: vom Schiff zum Satelliten, von da zum Festland, wieder zurück ins All und dann wieder aufs Meer. Die nötige Infrastruktur hierfür ist aufwendig, und so lassen die Kreuzfahrtgesellschaften sie sich auch teuer bezahlen.

Für kurzfristige Zugänge mit Minutenabrechnung reicht das Spektrum von 0,19 bis 0,55 € pro Minute. Oft wird noch eine Einrichtungsgebühr erhoben. Jede Kreuzfahrtgesellschaft bietet auch Pakete an, wobei das Preisgefüge ganz unterschiedlich sein kann. Suiten-Gäste müssen bei vielen Kreuzfahrtgesellschaften gar nichts bezahlen oder bekommen ein großes Minutenkontingent kostenlos.

Sollten Sie während Ihrer Kreuzfahrt z. B. für berufliche Zwecke oft eine Internet- oder WLAN-Verbindung benötigen, lohnt es sich, ein größeres Paket mit mehreren Hundert Minuten zu

# INTERNET

buchen oder sich ein eigenes Satellitentelefon anzuschaffen. Leider sind WLAN-Verbindungen auch nicht immer schnell, da viele Passagiere sie nutzen und die Einwahl oft länger dauert und schon einige Minuten kosten kann.

> TIPP: Sollten Sie nicht dringend aufs Internet angewiesen sein, warten Sie auf den nächsten Hafen, weil es da oft kostenloses WLAN gibt. Oder Sie fragen jemanden von der Crew, der Ihnen sagen kann, in welchem Café oder Restaurant es eine kostenlose oder günstige Internetverbindung gibt.

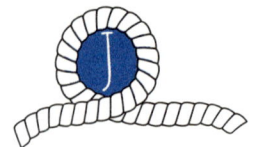

## JAHRESZEIT

Einige Kreuzfahrten werden nur zu bestimmten Zeiten angeboten. So können Sie z. B. nach Alaska oder Kanada nur zwischen Mai und September reisen.

In die Karibik zu reisen ist wegen der Hurrikansaison und des feucht-schwülen Wetters im Sommer nur in der Zeit von November bis April zu empfehlen, auch wenn es ganzjährig angeboten wird.

Eine Umrundung Südamerikas sollte man sich für unseren Winter vornehmen, da dann dort Sommer ist (bei trotzdem sehr kalten Temperaturen).

Wenn bei uns Winter ist, empfiehlt sich auch eine Kreuzfahrt um Südafrika oder Richtung Sansibar. Bedenken Sie aber, dass zu diesem Zeitpunkt in Südafrika Ferien sind und sicher viele Kinder an Bord sein werden.

> TIPP: *Erkundigen Sie sich vor der Buchung, welche Wettersituation Sie in der jeweiligen Region erwartet, damit Sie entsprechende Kleidung mitnehmen und nicht enttäuscht zurückkehren.*

# JUNGFERNFAHRT

Schiffstaufen und Jungfernfahrten sind besondere Ereignisse und für jeden Kreuzfahrer ein Highlight. In Europa ist es üblich und gilt als gutes Omen, Kreuzfahrtschiffe z. B. von einer prominenten Persönlichkeit taufen zu lassen, die zu diesem Zweck eine Flasche Champagner am Schiffsrumpf zerschellen lässt. Die Jungfernfahrt ist die erste Fahrt unter realen Bedingungen. Bei einer Jungfernfahrt dabei zu sein ist ein unvergessliches Erlebnis.

Da in den nächsten Jahren viele neue Schiffe auf den Markt kommen, ist die Chance, eine Jungfernfahrt buchen zu können, groß. Eines muss einem natürlich klar sein: Die Abläufe sind noch nicht perfekt, und vielleicht müssen Sie sich selbst auf die Suche nach dem einen oder anderen Bereich auf dem Schiff machen.

> TIPP: *Suchen Sie bei Interesse im Internet nach Schiffen, die demnächst vom Stapel laufen, und fragen Sie frühestmöglich bei der Reederei (oder auch über Ihr Reisebüro) an, wann die Jungfernfahrt gebucht werden kann. Lassen Sie sich auf eine Infoliste setzen.*

## JUWELIER s.a. BOUTIQUEN / GESCHÄFTE / ZOLLFREI EINKAUFEN

Auf den amerikanischen Schiffen spielen die Juweliergeschäfte eine besondere Rolle. Schmuckliebhaber finden hier alles. Besonders beliebt ist bei den Amerikanern der Tansanit, der in jeder Form und Größe angeboten wird. Es scheint eine große Bereitschaft zu bestehen, an Bord Juwelen zu erwerben. Bekannte Firmen wie z. B. Le Vian präsentieren hier das Feinste z. T. auch zu günstigen Preisen. Die amerikanischen Kreuzfahrtschiffe kooperieren auch mit Juwelieren in den verschiedenen Häfen, sodass Passagiere hier günstigere Konditionen bekommen können.

> TIPP: *Das Angebot an Juwelen ist auf amerikanischen Kreuzfahrtschiffen zwar groß, sie sind z. T. jedoch deutlich teurer als in Deutschland. Deshalb sollten Sie erst Preisvergleiche anstellen; vielleicht gibt es das gewünschte Stück im nächsten Hafen deutlich günstiger.*

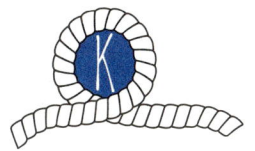

## KABINE (INNEN-/AUSSEN-/BALKON-/JUNIORSUITE/SUITE)

Bei der Wahl der Kabine unterscheidet man im Wesentlichen zwischen Innen-, Außen- und Balkonkabine sowie Juniorsuite und Suite.

Am preisgünstigsten sind Innenkabinen, da sie kein Fenster und oft keine so gute Lage haben. Auf den riesigen Schiffen, die 5.000 oder mehr Passagiere transportieren, werden Innenkabinen mit Fenstern rund um Einkaufspromenaden und Erlebnislandschaften angeboten.

Außenkabinen haben große Fenster oder ein Bullauge nach draußen.

Auf den neueren Kreuzfahrtschiffen gibt es nur noch relativ wenige Innenkabinen. Heute liegt der Schwerpunkt auf Balkonkabinen, also Kabinen mit eigenem Balkon. Von der Größe her unterscheiden sich Innen- und Balkonkabinen nur unwesentlich (wobei Innenkabinen immer etwas kleiner sind), allerdings gibt es zwischen den Kreuzfahrtlinien große Unterschiede. Eine Balkonkabine hat im kleinsten Fall 15 bis 16 m² und im optimalen 23 m². Bei den Veranden der Balkonkabinen gibt es ebenfalls große Unterschiede, zwischen knappen 2 m² und 6 bis 8 m² bzw. am Heck bis zu 10 bis 12 m².

Sie sollten bei der Wahl Ihres Schiffs also darauf achten, wie groß Ihre Kabine sein wird. Besonders gern wird übrigens an der Größe des Bads gespart; bei manchen Kreuzfahrtgesell-

# KABINE (INNEN- / AUSSEN- / BALKON- / JUNIORSUITE / SUITE)

schaften gibt es noch eine klassische Badewanne, bei anderen nur eine Dusche.

Die Juniorsuite ist etwas größer als eine Balkonkabine und hat weitere kleinere Annehmlichkeiten, ist aber bei Weitem nicht so groß wie eine Suite. Preislich liegen Juniorsuiten etwas über Balkonkabinen, aber deutlich unter Suiten.

Bei den Suiten gibt es wesentliche Unterschiede, die sich natürlich auch im Preis niederschlagen. Ihre Größe reicht von rund 30 bis 200 qm². Suitengästen steht ein besonderer Service zu, d.h. sie leben auf dem Schiff in einer eigenen Welt mit eigenem Restaurant, eigener Lounge, eigenem Fahrstuhl, eigenem Concierge- und Butler-Service, eigenem Sonnenliegenbereich und speziellen Empfängen beim Kapitän.

Preisangaben zu machen ist schwierig, da die Preisgestaltung ganz unterschiedlich und oft tages- und auslastungsabhängig ist. Eines ist klar: Die Innenkabine ist die preiswerteste

KABINENSERVICE / STEWARD

Variante, während eine Suite bis zum Zehn- oder Zwanzigfachen kosten kann.

> TIPP: *Wenn Sie sich nicht festlegen müssen, buchen Sie eine Garantie-/Glückskabine. Dann wissen Sie zwar nur, dass Sie mindestens in der betreffenden Kategorie unterkommen, haben aber die durchaus realistische Chance einer Höherstufung.*
>
> *Falls Sie zu Seekrankheit neigen, sollten Sie eine Kabine in der Schiffsmitte wählen, wo die Bewegungen weniger spürbar sind. Wenn Ihnen Schwankungen nichts ausmachen, genießen Sie den Weitblick, den Sie von einer Heckkabine aus haben. Allerdings sind am Heck der Antrieb (und die Wellen) etwas mehr zu hören. Ruhebedürftige schlafen daher besser im Bug.*

## KABINENSERVICE / STEWARD

Ihr Steward kümmert sich um Ihre Kabine. Wenn Sie also irgendetwas brauchen, wenden Sie sich an ihn. Entweder erledigt er es selbst, oder er gibt es an das Housekeeping weiter. Benötigen Sie z. B. neue Handtücher, legen Sie sie wie in einem Hotel auf den Boden, sie werden dann ausgetauscht. Sie können Ihrem Steward normalerweise vertrauen und in Ihrer Kabine Handys oder Wertsachen getrost offen hinlegen.

> TIPP: *Da die Stewards immer freundlich sind und ihre Aufgaben gut erledigen, sollte man ihnen zwischendrin mal ein kleines Trinkgeld geben.*

## KASINO

Auf amerikanischen Schiffen gibt es riesige Kasinos, auf deutschen sind sie deutlich kleiner bzw., wie auf den neuen Schiffen der Mein-Schiff-Flotte, kaum noch vorhanden (auf ihnen beschränkt sich das Angebot auf einige wenige Automaten). In den Kasinos finden Sie neben Poker, Black Jack und Einarmigen Banditen auch Roulettetische. Die Kasinos dürfen wie die Geschäfte nur außerhalb der Drei-Meilen-Zone öffnen. Sie können Ihren Dollareinsatz in bar bezahlen oder auch auf Ihre Bordkarte buchen lassen. Kasinos sind der einzige Ort an Bord, wo Bargeld angenommen wird, und einer der wenigen, wo oft auch noch geraucht werden darf.

> **TIPP:** *Ein Abend im Kasino kann viel Spaß machen. Setzen Sie sich aber ein Spiellimit, und nehmen Sie nur so viel Bargeld mit, wie Sie an dem Abend einsetzen wollen.*

## KINDER S. A. MINDERJÄHRIGE

Kreuzfahrten liegen bei Familien im Trend. Aus diesem Grund gibt es viele Schiffe, die sich auf die Wünsche von Mama, Papa und Kind eingestellt haben. Urlaub soll ja der ganzen Familie in lockerer und familienfreundlicher Atmosphäre ohne strenge Kleiderordnung Spaß machen. Das bedeutet Freizeitangebote für jedes Alter, gute Familienpreise und eine angemessene Größe und Ausstattung der Familienkabinen. Manche Reedereien bieten, wenn genügend deutsche Kinder an Bord sind, auch eine deutschsprachige Kinderbetreuung an.

AIDA und TUI haben einiges zu bieten. Bei beiden wird deutsch gesprochen, und es gibt für die verschiedenen Alters-

# KLEIDUNG / REINIGUNG / WÄSCHE s. a. GARDEROBE

gruppen Clubs, auch mit entsprechendem Animations- und Sportprogramm.

Die Disney Cruise Line hat für Familien mit Kindern eine komplette Disney-Traumwelt geschaffen. Sie verfügt über vier Kreuzfahrtschiffe (DISNEY MAGIC, DISNEY WONDER, DISNEY FANTASY und DISNEY DREAM). Befindet sich die DISNEY MAGIC in den Sommermonaten auf dem Mittelmeer, verkehren die anderen Kreuzfahrtschiffe von Disney in der Karibik.

Das Gros der Reedereien empfiehlt, Kinder erst ab einem Alter von sechs Monaten auf eine Kreuzfahrt mitzunehmen (TUI ab zwölf Monaten). Babybetten müssen vorab angefragt werden.

Bis zu einem Alter von zwei Jahren reisen Babys fast überall kostenfrei mit. Neben AIDA und TUI haben auch MSC, Norwegian Cruise Line und Costa spezielle Kinderpreise. Bei NCL reisen Kinder von 2 bis 17 Jahren zu einem Festpreis ab 99 €. MSC lockt Familien sogar mit Gratisreisen für Kinder bis 12 Jahren (ab 13 gilt der Festpreis von 119 €). Bei AIDA sind Kinder von 2 bis 15 Jahren zu bestimmten Saisonzeiten kostenfrei. Es gibt Kinder-Festpreise. Bei TUI Cruises können Kinder im Zusatzbett bis einschließlich 14 Jahren kostenfrei mitreisen.

> **TIPP:** *Es lohnt sich, bei den verschiedenen Reedereien auf die Kinderpreise zu achten. Z. T. können Kinder kostenlos oder kostengünstig bei zwei erwachsenen Vollzahlern mitreisen. Fragen Sie bei den Reedereien nach Vergünstigungen.*

# KLEIDUNG / REINIGUNG / WÄSCHE s. a. GARDEROBE

Da die meisten Fluglinien in der Economy-Klasse ohne Aufpreis nur 20 oder 23 kg Gepäck akzeptieren und Übergepäck Sie teuer

# KLEIDUNG / REINIGUNG / WÄSCHE S. A. GARDEROBE

zu stehen kommt, beschränken Sie sich auf das angegebene Gewicht. Nehmen Sie nicht zu viel mit, in warmen Ländern brauchen Sie gar nicht besonders viel. Sie können Ihre Kleidung auf dem Schiff auch komfortabel und preisgünstig waschen oder reinigen lassen. So kostet eine Hose im Durchschnitt um die 3,50 €, ein T-Shirt 2,00 € und eine Unterhose 1,50 € (jeweils für Waschen und Bügeln). Die Reinigung ist unwesentlich teurer. Zerknittertes können Sie auch nur bügeln lassen. Wenn Sie Ihre Wäsche aufgeben, erhalten Sie sie am nächsten Tag wieder. Ein teurerer Express-Service liefert sie sogar am selben Tag zurück.

Bei Buchung einer Suite ist ein- oder mehrmaliger Wäscheservice oft kostenlos.

Einige Kreuzfahrtgesellschaften (AIDA, Princess, Carnival) bieten zusätzlich die Möglichkeit, die Wäsche selbst zu waschen und zu bügeln. Meist wird nur eine kleine Gebühr für Waschmaschine, Waschmittel und Trockner fällig. Schauen Sie in den Decksplänen nach einer SB-Wäscherei.

> TIPP: *Fast jede Reederei bietet an einem Tag während der Kreuzfahrt für ca. 20 bis 25 € einen Wäschesack an. Sie können ihn bis zum Rand vollpacken und bekommen Ihre Kleidung gewaschen und gebügelt zurück. Nutzen Sie die Gelegenheit – es ist die günstigste und komfortabelste Art, an saubere Wäsche zu kommen.*

# KLIMAANLAGE

Auch wenn die Sommer in unseren Gefilden durchaus heiß werden können, gibt es in den wenigsten Firmen und Privathäusern Klimaanlagen. Das dürfte der Grund dafür sein, weswegen viele Menschen Klimaanlagen an Bord als eher unangenehm empfinden. Sie sind jedoch bei der großen Anzahl an Menschen, die sich gemeinsam in einem geschlossenen Raum, z. B. beim Abendessen, befinden, zwingend notwendig. Hierfür wird sogar in Kauf genommen, dass die Klimaanlage ungefähr 30 % des Gesamtenergieverbrauchs ausmacht.

Wenn Sie in wärmeren Regionen unterwegs sind, empfinden Sie eine Innentemperatur von 19 bis 20 Grad natürlich als beinahe kalt. Falls Ihnen also schnell kühl werden sollte, nehmen Sie zum Essen sicherheitshalber eine Jacke oder einen Schal mit.

In Ihrer Kabine können Sie die Klimaanlage zwar auch nicht abstellen, weil sie zentral gesteuert wird, sie können sie aber wärmer oder kälter regeln. Sie entzieht den Räumen auch die Luftfeuchtigkeit, die bei 90 % bis fast 100 % (in der Karibik) liegen kann, und verhindert so, dass die Möbel feucht und stockig werden. Sie unterbindet auch die Korrosion. Damit nicht unnötig Energie verbraucht wird, schaltet sich die Klimaanlage z. T. automatisch ab, wenn Sie die Balkontür öffnen.

Immer wieder beklagen sich Passagiere wegen der Klimaanlage über Augenentzündungen, wobei diese aber für gewöhnlich unschuldig ist. Die Augenreizungen entstehen meist durch zu viel Sonne und den Fahrtwind an Deck. (Nehmen Sie prophylaktisch eine Augensalbe oder Augentropfen mit.)

> TIPP: *Manchmal bläst die Klimaanlage unangenehm direkt aufs Bett. Fragen Sie den Kabinensteward nach Tricks, und bitten Sie ihn, die von Ihnen gewählte Einstellung nicht zu verändern. Oft reicht auch ein kleines Handtuch, um den Schlitz etwas zu verstopfen.*

## KOFFER S. A. EIN- UND AUSSCHIFFEN, GEPÄCK

Alles Wichtige über Kofferetiketten usw. finden Sie unter dem Stichwort Ein- und Ausschiffen.

Nehmen Sie einen nicht zu dicken Koffer mit (maximale Tiefe: ca. 35 bis 38 cm), damit er bequem unter Ihr Bett passt. Sonst kann es Ihnen passieren, dass Sie ihn mitten in Ihre Kabine stellen müssen, und das raubt Ihnen Platz.

## KOMMUNIKATION S. TELEFONIEREN

## KONTO S. BORDAUSWEIS

## KOSMETIK S. SPA / KOSMETIK / MASSAGE

KREUZFAHRTDIREKTOR

# KOSTEN S. A. ALL-INCLUSIVE / GETRÄNKEPAKET

Bei einigen Kreuzfahrtreisenden kommt im Nachhinein Frustration auf, da sie sich nicht darüber im Klaren waren, dass über den reinen Kreuzfahrtpreis hinaus weitere Kosten auf sie zukommen würden.

Im klassischen Kreuzfahrtpreis ist all das enthalten, was im Katalog oder Internet aufgeführt ist, also normalerweise die Kreuzfahrt selbst, die Speisen und die Pflege Ihrer Kabine. Fast immer sind auch Eistee, (Leitungs-)Wasser und (auf amerikanischen Schiffen) Limonade inklusive. Bei TUI und AIDA sind zudem viele Getränke und das Trinkgeld eingeschlossen, die sich andere Kreuzfahrtgesellschaften mit 6 bis 13 € pro Tag und pro Person bezahlen lassen. Einige wenige teure Anbieter wie Silversea Cruises oder Azamara bieten All-inclusive-Kreuzfahrten an, bei denen keinerlei Zusatzkosten entstehen.

Treibstoffzuschläge sind zurzeit kein Thema, aber in Zeiten hoher Ölpreise können, sofern kein fixer Gesamtpreis gilt, pro Tag einige Euros zusätzlich verlangt werden.

> TIPP: *Reduzieren Sie Ihre Nebenkosten, indem Sie bei der Buchung prüfen, wer zusätzlich kostenlos ein Getränkepaket (z. B. als Aktion) anbietet, denn Getränke sind ein großer Nebenkostenfaktor. Und kalkulieren Sie Ihre Reisenebenkosten (Trinkgeld, Ausflüge etc.) schon im Vorfeld, damit es am Ende kein böses Erwachen gibt.*

# KREUZFAHRTDIREKTOR

Der Kreuzfahrtdirektor ist für das Unterhaltungs- und Sportangebot sowie die Landgänge zuständig. Er informiert Sie regel-

KREUZFAHRTHÄFEN S. A. LANDGANG

mäßig nicht nur mittels der Bordzeitung, sondern auch per Mikrofon, welche Unterhaltungsmöglichkeiten es aktuell gibt.

## KREUZFAHRTHÄFEN S. A. LANDGANG

Wer freut sich nicht auf die schönen Häfen, in denen man anlegen wird! Leider ist die Realität oft ernüchternd. In Asien und im Orient landet man meist in Containerhäfen, die außerdem noch etwas außerhalb liegen. Machen Sie Ihre erste Kreuzfahrt daher besser in der Karibik oder im Mittelmeer. In der Karibik werden Sie nicht nur von bunten Häfen, sondern auch von wunderschönem blauem Wasser empfangen, und oft liegt ein ganz eigener (Gewürz-)Duft über den Inseln. Aber auch die Mittelmeer-Kreuzfahrthäfen sind bis auf wenige Ausnahmen (z. B. der weit außerhalb gelegene Hafen von Rom oder der zwar nahe der Stadt gelegene, aber wenig atmosphärische Containerhafen von Barcelona) sehr spannend und unterschiedlich.

Weniger schön sind die Häfen, die nur selten Kreuzfahrtschiffe zu Gast haben. Sie bestehen meist nur aus einer Kai-Anlage oder sind in einem Containerhafen angesiedelt.

Daneben gibt es auch Häfen ganz anderer Art: Manche Kreuzfahrtgesellschaften bauen eine komplette Stadt mit Läden und Restaurants oder sogar Strände auf, sodass Sie sich über längere Zeit oder den ganzen Tag dort aufhalten können. Diese Resorts sind mit Zäunen und Security-Personal oft gut gesichert.

## KÜCHE S. A. ESSEN, BUFFETRESTAURANT, BEZAHLRESTAURANT

Auf jedem Schiff steht gutes Essen (s. dort) im Mittelpunkt der Reise: Erlesene Küche und edle Speisen sind an der Tagesordnung. Ob Sie im Buffet- oder im normalen Restaurant speisen

# KÜCHE s. a. ESSEN, BUFFETRESTAURANT, BEZAHLRESTAURANT

oder sich im Bezahlrestaurant etwas Besonderes gönnen, Sie werden sicher nicht enttäuscht.

Auf einem Schiff mit rund 2.500 Passagieren werden täglich etwa 20.000 Essen produziert. In 14 Tagen werden rund 5 t Kartoffeln, 1 t Tomaten, 1.000 kg Champignons, 800 kg Paprika etc. verarbeitet. Das bedeutet, dass sich für eine 14-tägige Seereise insgesamt etwa 240 t Lebensmittel und Getränke an Bord befinden. Mehrere Hundert Mitarbeiter und viele Köche sorgen dafür, dass ein Rädchen ins andere greift. Für jeden Passagier ist es spannend, einmal hinter die Kulissen zu schauen.

> TIPP: *Auf fast allen Schiffen wird eine Führung durch eine der Küchen angeboten. Machen Sie mit, und schauen Sie in die blinkenden Töpfe.*

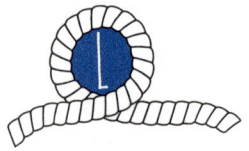

## LANDGANG S. A. KREUZFAHRTHÄFEN

Ob Sie mit karibischer Musik und in blaugrünem Wasser stimmungsvoll in einen Hafen einlaufen oder in einem Hafen neben Containerschiffen liegen, das Prozedere ist das gleiche. Sollten Sie keine Einreisekontrolle/Visa benötigen, begeben Sie sich zum Ausgangsdeck, zeigen Sie Ihre Bordkarte vor, und verlassen Sie das Schiff. Meist stehen vor dem Schiff oder hinter dem Terminal Shuttle-Busse (oft gegen Bezahlung) zum Transport in die nächste Stadt bereit. Manchmal dürfen Sie sich in der Hafenanlage nicht frei bewegen und werden mit einem Bus-Shuttle zum Ausgang gefahren.

Sollte eine Einreisekontrolle nötig sein (diese Information finden Sie Ihrem Tagesprogramm), folgen Sie den Anweisungen, und nehmen Sie Ihren Pass mit. Beachten Sie auch die Durchsagen an Bord; meist wird das Vorgehen am Vortag erläutert.

Bei der Rückkehr an Bord müssen Sie am Eingang des Hafens eventuell einen Ausweis (Führerschein, Personalausweis) oder eine Ausweiskopie vorzeigen. Die Bordkarte genügt nicht immer. Danach geht es wie üblich weiter, d. h., am Eingang wird die Bordkarte eingescannt, dann passiert man den Sicherheitsbereich, wobei Tasche/Rucksack/Fotos durchleuchtet werden.

Sollten Sie unterwegs Alkohol erstanden haben, müssen Sie ihn im Eingangsbereich des Schiffs abgeben. Sie bekommen ihn entweder am letzten Tag in Ihre Kabine gebracht oder müssen ihn sich abholen.

> TIPP: *Im Hafen finden Sie vielfach Duty-free-Shops, die z. B. Zigaretten und Alkohol deutlich günstiger verkaufen als normale Läden. Der Einkauf im Hafen kann sich daher durchaus rentieren.*

# LIEGEN

Auf den Pooldecks stehen frei benutzbare Sonnenliegen, die bei schönem Wetter zahlenmäßig aber oft nicht ausreichen. Deutsche Urlauber sind für die Unsitte bekannt, morgens eine Liege mit einem Handtuch zu reservieren und unnötig zu blockieren, ohne sie zu nutzen. Viele Reedereien sind daher dazu übergegangen, die Handtücher von unbenutzten Liegen nach einer halben Stunde zu entfernen. Bei amerikanischen Schiffen besteht dieses Problem nicht.

> TIPP: *Sollten Sie eine Balkonkabine haben, nutzen Sie sie, statt auf eine Sonnenliege an Deck zu hoffen, oder gehen Sie erst nachmittags zum Sonnen aufs Pooldeck.*

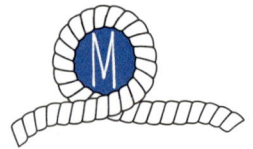

## MAHLZEITEN s. ESSEN

## MANIFEST
Das sogenannte Manifest ist eine Liste mit den Namen aller Passagiere und Crewmitglieder sowie sämtlicher Güter an Bord.

## MASSAGE s. SPA / KOSMETIK / MASSAGE

## MEDIKAMENTE s. a. ARZT
Für die Bordapotheke gelten internationale Bestimmungen. Die Auswahl der Medikamente beschränkt sich auf die gängigen wie Schmerztabletten, Tabletten gegen Durchfall und Seekrankheit, Antibiotika etc. Oft müssen Sie erst zum Bordarzt (z. B. auf TUI-Schiffen), ehe Sie ein Medikament bekommen. Auf amerikanischen Schiffen erhalten Sie Medikamente bei der Krankenschwester. Unbedenklichere Mittel wie Aspirin oder Erkältungsarzneien gibt es im bordeigenen Geschäft (z. B. Kosmetikladen) oder auch aus einem Automaten.

Verlassen Sie sich aber besser nicht auf die Bordapotheke. Nehmen Sie die Arzneimittel, die Sie regelmäßig einnehmen,

# MEDIKAMENTE S. A. ARZT

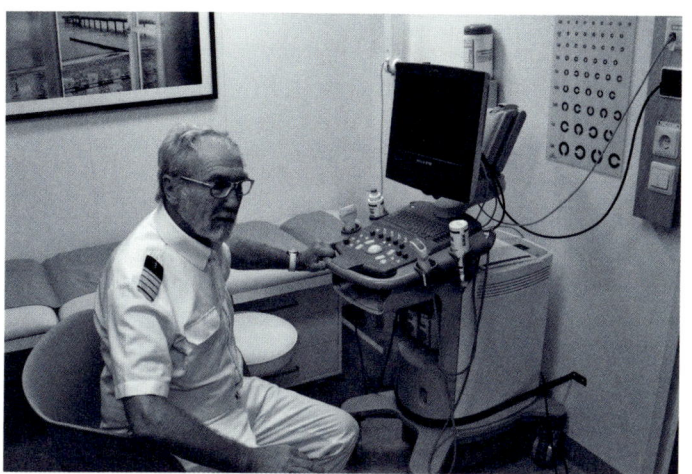

von zu Hause mit, am besten auch einen kleinen Vorrat an Schmerz-, Reisekrankheit- und Magen-Darm-Tabletten. Medikamente an Bord sind nämlich auch relativ teuer. Wenn Ihre Beschwerden eher geringfügig sind oder Sie nur Ihre Vorräte auffüllen wollen, warten Sie bis zum nächsten Hafen.

> TIPP: *Medikamente sind in den Apotheken an Land oft günstiger als an Bord. Stellen Sie eine kleine Liste der Mittel und der Beschreibung ihrer Beschwerden samt der entsprechenden z. B. englischen Übersetzung zusammen, damit Sie die richtigen bekommen. Bis auf Aspirin sind die meisten deutschen Arzneimittel-Namen außerhalb Europas nicht bekannt.*

## MEGA CRUISER

Als Mega Cruiser gelten Kreuzfahrtschiffe ab einer Größe von ca. 70.000 Bruttoregistertonnen (BRT), in der Luxusklasse schon ab 45.000 BRT.

## MINDERJÄHRIGE

Minderjährige, die ohne ihre Eltern reisen, benötigen eine schriftliche Einverständniserklärung, die sie immer mit sich führen sollten. Sie sollte möglichst auch in englischer Sprache abgefasst sein und am besten zusätzlich in den Sprachen der Länder, die angefahren werden. Es kann sonst Probleme mit der Reederei geben, bis hin zur Verweigerung der Einschiffung. Erkundigen Sie sich vorher beim Auswärtigen Amt.

## MINIBAR

In den Kabinen vieler Kreuzfahrtschiffe gibt es eine Minibar. Wenn sie fehlt, stehen Wasserflaschen (relativ teuer) zum Erwerb in Ihrer Kabine bereit. Selbst wenn Sie ein Getränkepaket gebucht haben, müssen die Getränke in der Minibar aber bezahlt werden, was für die Dauer der Reise durchaus kostspielig werden kann.

> TIPP: *Nehmen Sie zwei kleine Wasserflaschen mit an Bord oder erwerben Sie sie auf dem Schiff. Füllen Sie sie für Ihren nächtlichen Durst immer wieder auf, entweder mit Wasser aus dem Schnellrestaurant, notfalls auch mit Wasser aus Ihrem Bad; es kann für die Einnahme von Medikamenten durchaus verwendet werden.*

# MUSTERSTATION (ASSEMBLY STATION)

## MINIKREUZFAHRT
Um herauszufinden, ob Kreuzfahrten für Sie überhaupt die richtige Urlaubsform sind, eignen sich Mini- oder Schnupperkreuzfahrten, die sehr günstig sind und meist nur zwei bis vier Tage dauern.

## MUSTERSTATION (ASSEMBLY STATION)
Die Musterstation ist der Ihnen zugeteilte Sammelpunkt bei Rettungsaktionen; sie befindet sich oft bei Ihrem Rettungsboot. Ihre Musterstation finden Sie auch auf der Bordkarte und an der Innenseite Ihrer Kabinentür den Weg dorthin.

## PACKLISTE S. A. GEPÄCK, KOFFER, MEDIKAMENTE

Beim Kofferpacken für eine Kreuzfahrt ist es noch wichtiger als sonst, nichts zu vergessen, da es unterwegs schwierig sein kann, bestimmte Dinge zu besorgen.

Denken Sie bei den Reiseunterlagen an: Ticketheft der Reederei bzw. ausgedruckte Online-Tickets. Informieren Sie sich beim Auswärtigen Amt, welche Reisebestimmungen gelten (Visum?). Nehmen Sie Ihren Reisepass (er muss bei Abreise noch mindestens sechs Monate gültig sein) und/oder Personalausweis mit. Der Impfpass ist auch immer sinnvoll. Auch der Führerschein bzw. internationale Führerschein gehört dazu sowie natürlich Kredit-/EC-Karte und Bargeld (Dollars/Euros). Reiseführer und Wörterbücher können ebenfalls hilfreich sein.

Zum Thema Kleidung gilt: Nehmen Sie nicht zu viel mit, da es an Bord bei Bedarf Reinigungsmöglichkeiten gibt, aber natürlich: Schuhe, Kopfbedeckung, Sonnenbrille, Regenschutz, Sportsachen und, für den Fall, dass auf dem Schiff ein Dresscode gilt, entsprechende Kleidung. Denken Sie unbedingt an Badesachen, denn auf jedem Schiff gibt es Pools.

Im Kulturbeutel können Shampoo und Seife fehlen, denn Sie finden sie auf jedem Schiff vor. Badehandtücher werden ebenfalls vom Schiff gestellt. Wichtig ist hingegen ein Sonnenschutz mit hohem Lichtschutzfaktor, da die Sonneneinstrahlung auf den Decks am Wasser besonders intensiv ist. Nicht vergessen

# PREISMINDERUNG s. STORNIERUNG / PREISMINDERUNG

sollten Sie auch eine kleine Reiseapotheke mit Mitteln gegen Seekrankheit, Kopfschmerzen und Durchfall.

Zum Thema Elektronik und andere technische Geräte: Bei einer Reise mit einem amerikanischen Schiff vergessen Sie nicht den Steckdosen-Adapter! Denken Sie auch an Ihren Fotoapparat sowie die verschiedenen Ladegeräte für ihn, Ihr Handy und ggf. Ihre elektrische Zahnbürste.

Einen kleinen Rucksack, eine Stofftasche oder eine Badetasche für Ihre Ausflüge sollten Sie ebenfalls dabei haben. Und auch ein Fernglas kann hilfreich sein.

> TIPP: *Legen Sie am besten vier Listen an: für Reiseunterlagen, Kleidung, Kulturbeutel und Elektronik.*

## PORT TAXES

Das sind die Hafengebühren, die die Reederei zur Nutzung eines Hafens bezahlen muss.

## POST

Sie wollen Ihren Lieben zu Hause auf die klassische Art und Weise eine Postkarte schreiben? Kein Problem, die meisten Kreuzfahrtschiffe haben einen Postkartenständer (zumindest mit einer Ansichtskarte vom Schiff), oder Sie bringen sich von Ihren Landausflügen Karten mit. Die Rezeption schickt sie dann im nächsten Hafen auf ihre eventuell sehr lange Reise.

## PREISMINDERUNG s. STORNIERUNG / PREISMINDERUNG

## PROVISION MASTER
Der Provision Master kümmert sich um alle Lebensmittel an Bord, d. h. um die Warenpflege und Lagerung.

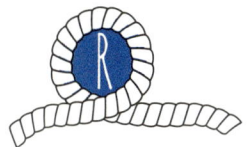

## RAUCHEN

Als Raucher hat man es heute überall schwer, so auch auf einem Kreuzfahrtschiff. Mittlerweile ist das Rauchen bis auf wenige Ausnahmen (z. B. Mein Schiff, AIDA, COSTA) nicht einmal mehr auf dem Balkon gestattet. Es gibt nur wenige ausgewiesene Raucherbereiche, meist in einem Teil des obersten Decks sowie in einer Bar oder dem Kasino. Erkundigen Sie sich bei Antritt Ihrer Reise, welche Regeln gelten und wo sich die Raucherzonen befinden.

> TIPP: *Sollte das Rauchen auf dem Balkon noch erlaubt sein, nehmen Sie einen kleinen, runden Klapp-Aschenbecher mit. Damit geht man sicher, dass keine Glut davonfliegt.*

## REINIGUNG S. KLEIDUNG / REINIGUNG / WÄSCHE

## REISEDOKUMENTE

Die Vorfreude beginnt, wenn Sie eine Woche oder einige Wochen vor Ihrer Reise die Reisedokumente per Mail oder per Post zugesandt bekommen. Überprüfen Sie alle Daten, denn es kommt oft kurzfristig zu Änderungen. So kann es z. B. sein, dass sich die Abfahrtszeiten oder der Hafen geändert haben. In großen Städten gibt es zudem oft mehrere Kreuzfahrtanleger, und es kann durchaus passieren, dass Ihr Schiff plötzlich von einem anderen Anleger ablegt.

Überprüfen Sie auch, ob Ihre persönlichen Daten korrekt erfasst sind und ob Ihre Pässe noch lange genug gültig sind. Ansonsten kann es zu Schwierigkeiten bei der Einreise oder dem Einchecken kommen.

# REISEZEIT s. JAHRESZEIT

## REKLAMATION

Fühlen Sie sich in Ihrer Kabine nicht wohl? Ist das WC defekt? Hat Ihnen der Ausflug nicht gefallen? Ihre erste Anlaufstation für so etwas ist die Rezeption/Information. Rufen Sie sie an, oder suchen Sie sie persönlich auf. Ihre Wünsche und Reklamationen werden ernst genommen und in der Regel zuvorkommend berücksichtigt. Ein Tausch der Kabine ist allerdings oft nicht möglich, weil das Schiff ausgebucht ist. Es kann auch sein, dass es einen Moment dauert, bis der Techniker kommt oder Sie eine Antwort aus der Ausflugsabteilung erhalten, weil Ihnen der Ausflug nicht gefal-

*General Manager Thomas Eder (MEIN SCHIFF 5)*

RESTPLÄTZE

len hat. Sollten Sie aber weder bei der Information noch bei der Reiseleitung etwas erreicht haben, erkundigen Sie sich nach der nächsthöheren Instanz wie dem Kreuzfahrtdirektor, dem General Manager oder dem Chef der Ausflugsabteilung.

## REPEATER

Wenn Sie bei derselben Reederei schon mehrmals gebucht haben, sind Sie ein Repeater, ein »Wiederholungstäter«. Wenn Sie sich beim Bonusprogramm (s. a. dort) anmelden, können Sie mit kleinen Vergünstigungen rechnen.

## RESTAURANT s. BEZAHLRESTAURANT, BUFFETRESTAURANT

## RESTPLÄTZE

Sind Sie zeitlich flexibel? Oder bereits im Ruhestand? Dann können Sie oft kurzfristig Schnäppchen machen. Restplatzkabinen (Stornokabinen) werden kurz vor Reiseantritt zu sehr günstigen Preisen verkauft. Melden Sie sich bei verschiedenen Internetseiten an, um informiert zu werden. Es gibt Anbieter, die sich darauf spezialisiert haben.

> TIPP: *Beim Buchen spielen oft Minuten eine Rolle, zögern Sie also nicht lange, sonst sind die Restplatzkabinen schon wieder vergeben – schließlich handelt es sich um übrig gebliebene Kabinen.*

RETTUNGSWESTE UND SICHERHEITSÜBUNGEN

# RETTUNGSWESTE UND SICHERHEITSÜBUNGEN

7 x kurz, 1 x lang: Das ist im Fall der Fälle das durchdringende Notsignal auf See. Das Thema Sicherheit spielt auf jedem Schiff eine zentrale Rolle, und durch Schiffsunglücke wie das der COSTA CONCORDIA ist das Sicherheitsbewusstsein noch gestiegen.

Es gibt allgemeine Vorschriften und Gesetze, an die sich die Kreuzfahrtgesellschaften zu halten haben. So muss für jeden Passagier eine Rettungsweste vorhanden sein. Meist liegt sie in Ihrem Schrank, aber manchmal auch an der Musterstation. Im Notfall wird sie vom Personal ausgegeben. Ihre Musterstation – der Sammelplatz, der im Notfall lebensentscheidend sein kann – ist auf Ihrer Bordkarte verzeichnet.

Innerhalb der ersten 24 Stunden der Reise (meistens eine oder eine halbe Stunde vor dem Ablegen) muss der sogenannte Musterdrill (die Rettungsübung) durchgeführt werden. Die meisten Kreuzfahrtschiffe erledigen dies bereits, bevor sie ablegen. Der Musterdrill findet an Ihrer Musterstation statt. Auf einigen Schiffen müssen Sie Ihre Rettungsweste mitbringen, bei anderen schauen Sie nur zu, wie das geschulte Bordpersonal das Anlegen vorführt. Leider sind die meisten Übungen nicht realitätsnah. Sie sollten Ihre Rettungsweste also auf jeden Fall einmal aus dem Schrank holen, die Gurte auf Ihre Körpermaße einstellen und sie an eine gut erreichbare Stelle legen.

Den Notfallplan finden Sie auf der Innenseite Ihrer Kabinentür. Darauf ist der Standort Ihrer Sammelstation eingezeichnet, außerdem ein alternativer Weg für den Fall, dass der direkte Weg versperrt ist. Den Weg zur Rettungsstation sollte auch Ihr Kind kennen. Fällt das Licht aus, hilft ein Leuchtstreifen.

Ziehen Sie im Fall des Falles unbedingt warme, winddichte Kleidung und feste Schuhe an. Nehmen Sie keine Taschen oder Beutel mit. Verstauen Sie unbedingt benötigte Dinge (Pass,

## RETTUNGSWESTE UND SICHERHEITSÜBUNGEN

Geld, Medikamente etc.) in Ihrer Hosentasche und lassen alles andere an Bord.

Ertönt das oben erwähnte Notsignal, müssen alle erst einmal nur zum Sammelpunkt gehen. Falls im Ernstfall dann wirklich das Signal zum Verlassen des Schiffes (ein Dauerton von 10 Sekunden oder mehr) ertönen sollte, warten Sie auf die Durchsage des Kapitäns und halten sich an die Anweisungen.

Im Notfall müssen Sie sich an die Anweisungen der Crew halten. Selbst Kellner oder Stewards sind für diesen Fall geschult. Eigene Entscheidungen können vollkommen falsch sein.

In bestimmten unsicheren Fahrgebieten wie z. B. dem Golf von Aden (der auf Kreuzfahrten zwischen Ägypten und Dubai befahren wird), wo eine Bedrohung durch Piraten besteht, werden zusätzliche Sicherheitsübungen und -maßnahmen vorgenommen. Damit bei Beschuss von draußen keiner zu Schaden kommt, müssen die Passagiere sich in die Gänge oder Räumlichkeiten ohne Fenster begeben. Abends wird das Licht auf dem Schiff abgeschwächt, und die Passagiere in den Balkonkabinen müssen die Vorhänge zuziehen, damit auf See bessere Sicht herrscht. Zudem werden bestimmte Decks für Abendspaziergänge gesperrt. Und an den Überquerungstagen steht mehr Wach- und Sicherheitspersonal bereit.

Oft fahren in solchen Regionen Kreuzfahrt- und andere Schiffe im Konvoi und werden zusätzlich von Kriegsschiffen begleitet.

> TIPP: *Probieren Sie die Sicherheitsweste an, passen Sie sie an Ihre Größe an. Prägen Sie sich den Fluchtweg ein, und suchen Sie auch schon einmal nach Ihrem Rettungsboot.*

## REZEPTION S. A. REKLAMATION

Wie unter »Reklamation« beschrieben, ist die Rezeption bei allen wesentlichen Fragen und Wünschen (außer zu Landausflügen) die zentrale Anlaufstelle. Sie leitet alle wichtigen Anfragen weiter, und Sie bekommen garantiert eine Antwort. Während die Bordreiseleitung und der Schalter für Landausflüge nur zu bestimmten Zeiten besetzt sind, ist bei der Rezeption rund um die Uhr jemand da. Falls Sie in bar zahlen, bezahlen Sie hier auch Ihre Bordrechnung.

## ROUTEN- / SCHIFFSWAHL

Sie müssen für sich die Entscheidung treffen, was Ihnen wichtiger ist: die Route oder das Schiff. Im Idealfall passt beides. Unsere Empfehlung: Suchen Sie sich Ihre Wunschroute oder -region, und entscheiden Sie sich dann für das Schiff. In vielen Gebieten, so z. B. in der Karibik und im Mittelmeerraum, sind fast alle Kreuzfahrtlinien vertreten, und weil der Wettbewerbsdruck zu groß ist, gibt es heute richtig schlechte Schiffe nicht mehr.

Bei der Entscheidung für ein Schiff sollten Sie sich Zeit nehmen und überlegen, wie es sein soll: ob groß oder klein, teuer

oder preiswert (und ob im Reisepreis möglichst viel enthalten sein muss), zwanglos oder mit Kleiderordnung.

Deutschsprachige Kreuzfahrer entscheiden sich wegen der Sprache meist für AIDA, TUI, ARTANIA, ALBATROS oder bei den teureren Luxuslinern für die MS ASTOR, die MS EUROPA oder die MS EUROPA 2. Verfügen Sie über Grundkenntnisse im Englischen, sollten Sie auch amerikanische Schiffe in die Auswahl aufnehmen, denn auf ihnen ist der Servicegedanke sehr ausgeprägt. Allerdings sind die Ausflüge dort nicht immer kompatibel mit dem deutschen Geschmack, weil sie oft als eher kurz und vielleicht sogar etwas trivial empfunden werden. Wenn Sie Land und Leute hingegen besser kennenlernen möchten, können die Präferenzen der amerikanischen Mitreisenden jedoch auch den Vorteil haben, dass entsprechend tiefschürfendere Ausflüge nicht stark gebucht sind und Sie so in den Genuss kleiner Ausflugsgruppe kommen.

> TIPP: *Wer darauf Wert legt, dass in seinem Reisepreis die Getränke enthalten sind, entscheidet sich für TUI oder AIDA.*

# RUSS

Aus den Schornsteinen der Schiffe entweichen ständig kleine Rußpartikel. So kann es passieren, dass Ihre helle Kleidung oder Ihre weißen Schuhe, wenn Sie sich am Heck aufhalten oder eine Heckkabine gebucht haben, etwas verschmutzt wird. Also Achtung am Heck! (Eine Heckkabine ist mit dem größeren Balkon und dem endlosen Blick aufs Meer trotz dieses Nachteils jedoch ein einmaliges Erlebnis.)

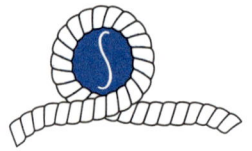

# SAFE

In jeder Kabine befindet sich ein Safe, der meist mit einem frei wählbaren, vier- bis sechsstelligen Code aktiviert wird. Legen Sie alle Wertsachen, die Sie nicht benötigen, hinein. Nehmen Sie bei Ihren Ausflügen nur so viel Geld mit, wie Sie unbedingt brauchen.

# SCHIFFE s. a. ROUTEN- / SCHIFFSWAHL, ZUKUNFT

Welches Schiff ist das richtige für mich? Von welcher Kreuzfahrtgesellschaft werde ich nicht enttäuscht? Welche Faktoren sind mir wichtig? Will ich es traditionell und gediegen, oder liegt mir an Fun? Das sind Fragen, die Sie für sich im Vorfeld beantworten sollten. Dann fällt die Wahl zwischen den rund 400 Kreuz- und Flussfahrtschiffen leichter. Eine Faustregel lautet: Je kleiner das Schiff, desto teurer wird Ihre Reise. Auf den Schiffsgiganten wiederum läuft zwar auch alles reibungslos, es gibt nur ein Problem: Sie können nicht alle Häfen anlaufen und müssen daher viel ankern. Auf ihnen ist mehr das Schiff selbst als die Route das Erlebnis.

Den Kreuzfahrtmarkt teilen sich im Wesentlichen die zwei großen Reedereien Carnival und Royal Caribbean, zu denen jeweils mehrere Schifffahrtslinien gehören. Die größten Kreuzfahrtgesellschaften befinden sich unter dem Dach von Carnival, näm-

## SCHIFFE S. A. ROUTEN- / SCHIFFSWAHL, ZUKUNFT

lich Carnival, AIDA, Costa, Holland America, Seabourn, Princess Cruises, Cunard und P & O. Zu Royal Caribbean Cruises Limited, der zweitgrößten Kreuzfahrtgesellschaft, gehören Royal Caribbean, Celebrity, Azamara, TUI (50 % der Anteile), Pullmantur, CDF Croisières de France und Sky Sea Cruises (China).

Jedes Schifffahrtsunternehmen versucht, seinen Markt zu finden und zu behaupten. Carnival bezeichnet seine Kernmarke z. B. als lockeres Funship, was ähnlich auch für seine »deutsche« Marke AIDA (1.200 bis 6.000 Passagiere) gilt. Princess Cruises (2.000 bis 3.500 Passagiere) bewegt sich im mittleren, Holland America (800 bis 2.600 Gäste) im gehobenen Segment, Cunard wartet mit Tradition und schönem Ambiente auf, und Carnival bedient mit seinen kleineren Seabourn-Schiffen (450 bis 600 Passagiere) das Luxussegment.

Royal Caribbean setzt zurzeit auf den Neubau von Riesenschiffen mit 5.500 Passagieren und mehr; seine Hauptflotte bewegt sich aber zwischen 2.000 und 4.000 Gästen. Für den deutschen Markt (den drittgrößten nach den USA und Großbritannien) hat sich Royal Caribbean 50 % der Anteile der Mein-Schiff-Flotte der TUI gesichert. Im mittleren und gehobenen Segment folgt Celebrity mit Expeditionsschiffen (20 bis 100 Passagiere) und normalen Schiffen (2.000 bis 3.000 Passagiere). Den Luxusmarkt bedient Royal Caribbean mit Azamara (etwa 700 Passagiere).

Zur Norwegian Cruise Line (2.000 bis 4.000 Passagiere) gehören noch die zwei Reedereien Oceania Cruises (700 bis 1.200 Passagiere) und Regent Seven Seas Cruises (500 bis 700 Passagiere). Während sich Norwegian Cruise Line im normalen Preisbereich bewegt, liegen die beiden anderen im Luxussegment.

So versuchen die drei größten Marktplayer Royal Caribbean, Carnival Cruises und Norwegian alle Bedürfnisse zu befriedigen, von der einfachen, preiswerten Kreuzfahrt bis zum teuren Luxus- oder Expeditionsschiff.

Auf dem europäischen und deutschen Markt spielt außerdem MSC Kreuzfahrten (1.500 bis 5.500 Passagiere) mit seinem mediterranen Flair eine nicht unbedeutende Rolle. Daneben gibt es weitere renommierte Unternehmen wie Hapag Lloyd, Phoenix, Crystal etc.

Und der Markt wächst noch, sodass ein harter Wettbewerb, auch Preiskampf mit zusätzlichen Inklusivleistungen, entsteht.

> TIPP: *Wenn Sie sich ganz unsicher sind, welches Schiff bzw. welche Schiffsgröße für Sie richtig ist, wählen Sie eine mittlere (etwa 2.500 Passagiere), oder erkunden Sie bei einer Kurzkreuzfahrt, was Ihnen zusagt.*

# SCHUHE

Hohe Schuhe sind auf einem Kreuzfahrtschiff fehl am Platz. Nicht wegen Löchern im Boden, sondern wegen des besseren Halts sind flache Schuhe oder, abends, Pumps mit kleinem Absatz zu empfehlen. Damit ist man auch auf der oft glatten und steilen Gangway besser aufgehoben.

# SCHWANGERSCHAFT

Bei verschiedenen Kreuzfahrtgesellschaften ist die Reise für werdende Mütter ab der 24. Schwangerschaftswoche nicht mehr möglich, da die medizinische Versorgung bei Komplikationen nicht sichergestellt ist.

# SEEKRANKHEIT

Die neuen Kreuzfahrtschiffe sind mit Stabilisatoren ausgestattet, die sie in Balance halten und Schwankungen ausgleichen. Bei einer Atlantiküberquerung kann es trotzdem schon einmal etwas unruhig werden. Aber auch so schwankt das Schiff bisweilen ein bisschen, v. a. wenn es auf offener See fährt. Dies kann bei einigen Menschen Seekrankheit verursachen – Frauen sind dabei öfter betroffen als Männer. Seekrankheit entsteht, wenn das Gleichgewichtsorgan Bewegung meldet, das Auge jedoch Ruhe, v. a. wenn Sie unter Deck sind. Das Gehirn erhält also widersprüchliche Informationen, was zu Müdigkeit, Kopfschmerzen, Schwindel, Übelkeit und Erbrechen führen kann. In Extremfällen können Patienten durch starken Flüssigkeitsverlust sogar Kreislaufbeschwerden bekommen.

Es gibt wirksame Medikamente, die allerdings etwas schläfrig machen. Alternativ sollte man sich bei den ersten Anzeichen an Deck begeben und auf den Horizont schauen. Das hilft dem Gehirn, die Sinneswahrnehmungen richtig einzuordnen. Wenn das nichts nützt, legen Sie sich flach hin und machen die Augen zu bzw. schlafen am besten sogar, denn im Schlaf ist der Gleichgewichtssinn ausgeschaltet.

Essen Sie auch bei Seekrankheit eine Kleinigkeit, aber natürlich nichts Schwerverdauliches. Lassen Sie sich zu Hause von Ihrem Apotheker oder Arzt beraten, und nehmen Sie auf jeden Fall Tabletten, Pflaster oder Zäpfchen gegen Seekrankheit mit.

> **TIPP:** *Werden Sie aktiv, bevor Ihnen richtig schlecht wird. Hoffen Sie nicht darauf, dass die Übelkeit von selbst verschwindet. Nehmen Sie bei den ersten Anzeichen von Übelkeit eine Reisetablette.*

# SHUFFLE BOARD s. SPIELE / SHUFFLE BOARD

# SICHERHEITSÜBUNGEN s. RETTUNGSWESTE UND SICHERHEITSÜBUNGEN

## SINGLETREFFEN
Alleinreisende erhalten von der Reederei oft eine Einladung zum Singletreffen, um ihnen die Möglichkeit zu geben, unkompliziert mit anderen Alleinreisenden in Kontakt zu treten.

## SPA / KOSMETIK / MASSAGE
Jedes Kreuzfahrtschiff hat einen schönen Wellness-Tempel; meist ist er auf einem der oberen Decks angesiedelt. Immer mehr Schiffe erweitern ihre Spa- und Fitnessbereiche auf eine Fläche von 2.000 qm² (oder mehr) und machen immer vielfältigere Entspannungsangebote. Direkt angeschlossen sind zudem speziell buchbare Kabinen oder Suiten (bei MSC z. B. Aurea-Spa-Kabinen oder bei Costa Samsara-Spa-Kabinen). Jede Kreuzfahrtlinie hat ihr eigenes Wellness-Konzept entwickelt, und mit jedem neuen Schiff wird das Angebot breiter; teils sind auch Essen und Getränke enthalten.

   Das Angebot reicht von der Sauna in jeder Variante (z. B. finnische oder orientalische Sauna, Lichtsauna, Kräuterdampfbad) und einem speziellen Pool, in dem Sie Ihre Runden drehen können, über die klassische Kosmetikbehandlung und Permanent Make-up bis zu Infrarotkabinen, Entspannungslogen sowie Ayurveda-, Thai-, hawaiianischer oder Hot-Stone-Massage.

Bei AIDA kosten eine 40-minütige klassische Ganzkörpermassage derzeit z. B. 60 € und eine 25-minütige Schulter-Nacken-Massage 39 €. Bei TUI und Mein Schiff kosten eine 50-minütige Ganzkörpermassage 63 bzw. 68 € und eine 15-minütige Schulter-Nacken-Massage 15 €.

> TIPP: *Die Spa-Bereiche sind alle sehr gepflegt, und es macht Spaß, sich verwöhnen zu lassen. Viele Kreuzfahrtschiffe machen Wellness-Angebote, oder es gibt spezielle Spa-/Wellness-Tage, an denen Massagen zum Sonderpreis angeboten werden. Für zwei wird der Preis noch günstiger. Fragen Sie nach, oder schauen Sie ins Tagesprogramm Ihres Schiffs.*

## SPACE RATIO

Damit bezeichnet man den Platz, der jedem Passagier zur Verfügung steht. Er wird mit einer einfachen Formel errechnet: Bruttoregistertonnen geteilt durch Anzahl der Passagiere. Beispiel: 80.000 BRT : 1.600 Passagiere = 50. Hierbei gilt: < 20 = beengt, 21–30 = okay, 31–50 = geräumig, > 51 = super

## SPIELE / SHUFFLE BOARD

Auf den meisten Kreuzfahrtschiffen gibt es einen großen Spieleraum, in dem man sich kostenlos Spiele (Backgammon, Domino, Kartenspiele etc.) ausleihen und gemütlich spielen kann. Im Tagesprogramm finden Sie oft auch die Termine für kleine Turniere.

SPORT S. A. FITNESS

Besonders beliebt ist Shuffle Board, ein Deckspiel, das seit Beginn der Kreuzfahrtära gespielt wird. Dazu werden größere Pucks auf aufgemalten Feldern hin- und hergeschoben.

## SPORT S. A. FITNESS

Über die Möglichkeit hinaus, indoor oder auf dem Joggingpfad des Schiffs seine Runden zu drehen, haben die Schiffe ganz unterschiedliche Sportangebote. Sie reichen von Minigolf und Tischtennis über Basketball, Zip-line (Seilrutsche), Eislaufbahn, Inlineskating und Kletterwand bis dahin, das Wellensurfen auszuprobieren. Eine besonders vielfältige Palette haben die großen Schiffe von Royal Caribbean.

An Land kann man sportliche Ausflüge machen, vor allem mit dem Fahrrad. Kreuzfahrten, die in jedem Hafen eine Fahrradtour anbieten, sind keine Seltenheit mehr.

# STORNIERUNG / PREISMINDERUNG

Eigene Räder an Bord haben TUI und AIDA. Zwar nicht mit eigenen Bikes, aber mit Fahrradpaketen und -ausflügen locken mehrere Kreuzfahrtgesellschaften, etwa A-Rosa und MSC. Die Räder sind in gutem Zustand, werden regelmäßig gewartet und am Ende der Saison ausgetauscht. Sein eigenes Rad mitzubringen ist aus Haftungs- und Platzgründen nicht möglich.

> TIPP: *Erkundigen Sie sich bei Interesse bereits vor der Buchung nach dem Sportangebot Ihrer Kreuzfahrtlinie.*

## STORNIERUNG / PREISMINDERUNG

Über die Stornierung der lang ersehnten und frühzeitig gebuchten Kreuzfahrt denkt keiner gerne nach. Aber was, wenn die Route geändert wird? Welche Möglichkeiten haben Sie in einem solchen Fall? Und wie sehen die Stornierungsbedingungen aus, wenn Sie die Reise aus persönlichen Gründen absagen müssen?

Teilt die Reederei dem Passagier vor Antritt der Reise eine Routenänderung mit, steht ihm nur dann eine Preisminderung zu, wenn er sich dies ausdrücklich vorbehalten hat. Tritt er hingegen die veränderte Reise an, hat er die Änderungen damit akzeptiert und kann keine Ansprüche geltend machen.

Zu kurzfristigen Änderungen kann es auch während der Reise kommen. Meistens sind die Reedereien dann großzügig und bieten den Passagieren eine Gutschrift auf dem Bordkonto an. Widerspricht man dem nicht, verfallen alle weiteren Ansprüche.

Wird eine Kreuzfahrt wegen des Wetters, z. B. eines Hurrikans, komplett abgesagt, weil eine Ausweichroute nicht infrage kommt, erhält man den bezahlten Reisepreis zurück. Pech hat dann, wer seine Fluganreise nicht über die Kreuzfahrt-

## STORNIERUNG / PREISMINDERUNG

gesellschaft gebucht hat – er bleibt auf den Kosten für den Flug sitzen.

Müssen Sie die Kreuzfahrt aus persönlichen Gründen absagen, spielt der Zeitpunkt der Absage eine besondere Rolle, da die meisten Kreuzfahrtgesellschaften einen Teil des Reisepreises als pauschale Stornokosten erheben. Hier seien die wichtigsten Gesellschaften aufgeführt:

Royal Caribbean und Celebrity machen bis zum 60. Tag vor Anreise derzeit 10 %, zwischen dem 59. und 30. Tag 20 %, vom 29. bis 15. Tag 50 %, zwischen dem 14. und 8. Tag 75 % und ab dem 7. Tag oder bei Nichterscheinen 90 % des Reisepreises geltend.

Carnival macht seine Stornogebühren von der Länge der Kreuzfahrt abhängig. Hier die Gebühren für sechs- bis neuntägige Kreuzfahrten: bei bis zu 76 Tagen vorher wird eine Stornogebühr von 75 € pro Person erhoben, bei 75 bis 56 Tagen von 250 €, bei 55 bis 30 Tagen von 50 %, bei 29 bis 15 Tagen von 75 %, bei 14 und weniger Tagen von 90 %.

Bei der Mein-Schiff-Flotte von TUI sind die Gebühren folgende: bis zu 50 Tage vor Reiseantritt 25 % (Wohlfühlpreis) bzw. 35 % (Flexpreis), 49 bis 30 Tage 30 bzw. 45 %, 29 bis 24 Tage 40 bzw. 60 %, 23 bis 17 Tage 60 bzw. 80 %, 16 Tage bis 1 Tag 80 bzw. 90 % und bei Nichtantritt 95 bzw. 95 %.

Die Stornogebühren bei AIDA unterscheiden sich danach, ob Sie Premium, Vario oder Just AIDA gebucht haben. Bis zum 50. Tag mindestens 50 € pro Person bzw. 20 % bei Premium, 30 % bei Vario, 35 % bei Just AIDA; vom 49. bis 30. Tag 25 % bei Premium, 30 % bei Vario, 35 % bei Just AIDA; vom 29. bis 22. Tag 35 % bei Premium, 35 % bei Vario, 40 % bei Just AIDA; bei allen Varianten vom 21. bis 15. Tag 60 %, ab dem 14. Tag bei allen 80 % und bei Nichterscheinen 95 %.

## STROMANSCHLUSS

Bei MSC sieht es bei einer normalen Buchung und einer Reise unter 15 Tagen wie folgt aus: bis zu 60 Tage vor Reiseantritt 20 %, 30 bis 59 Tage 30 %, 22 bis 29 Tage 40 %, 15 bis 21 Tage 60 %, 14 bis 2 Tage 80 %, 1 bis 0 Tage 95 %.

> TIPP: *Bis 60 Tage vorher liegen die Stornogebühren als Faustregel bei 20 bis 30 %. Prüfen Sie, ob die Stornobedingungen deutschem Recht entsprechen. Eine Reiserücktrittsversicherung ist in jedem Fall empfehlenswert.*

## STORNOKABINE S. RESTPLÄTZE

## STROMANSCHLUSS

Sie möchten sich föhnen, rasieren oder Ihr Handy aufladen? Der Stromanschluss auf deutschen Schiffen ist immer 220/230 Volt, auf den älteren amerikanischen 110/115 Volt, doch mittlerweile haben die amerikanischen Schiffe auch Steckdosen für beide Voltwerte.

> TIPP: *Nehmen Sie sicherheitshalber einen Universaladapter mit. Sie können ihn z. B. auch bei der die Vorübernachtung in einem amerikanischen Hotel gut gebrauchen.*

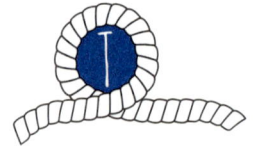

## TAGESPROGRAMM

Jedes Schiff bietet ein unterhaltsames Tagesprogramm, von Vorträgen, Literaturlesungen und Informationen über die Häfen samt jeweiligem Ausflugsprogramm über Fitness- und Schönheitsangebote über Tanz-, Sprach- und Kochkurse sowie Verkostungen bis zum Basteln von Schmuck, Schnitzen von Eisskulpturen oder dem Erlernen von Black Jack. Dabei hat jede Reederei andere Schwerpunkte. Sie können aktiv werden oder einfach der Musik zuhören.

Für einige Aktionen, für die Material oder ein Trainer benötigt wird, also etwa beim Schmuckbasteln, bei einer Weinverkostung oder einem Yoga-Workshop, wird ein – meist sehr moderater – Unkostenbeitrag erhoben.

Das komplette Programm (inkl. der eventuell anfallenden Kosten) finden Sie in dem Infoblatt, das Sie täglich in Ihrer Kabine finden. Auf manchen amerikanischen Schiffen ist das Infoblatt leider nur in englischer Sprache erhältlich.

> TIPP: *Unternehmen Sie Ihre Ausflüge in den frühen Morgenstunden, damit Sie den restlichen Tag über möglichst viel vom Bordleben und vom Programm an Bord mitbekommen. Besonders, wenn die Kreuzfahrt nur eine Woche dauert, möchte man möglichst viel erleben. Nutzen Sie Ihre Seetage dafür.*

# TAUFPATIN

## TAGESZEITUNG

Mittlerweile gibt fast jedes Schiff einen vierseitigen Folder mit den wichtigsten politischen und sportlichen Tagesereignissen heraus. Diese Art Tageszeitung wird nicht auf die Kabinen verteilt, sondern steckt meistens in einem Ständer bei der Rezeption, oder Sie müssen bei der Information danach fragen.

Relativ teuer lassen es sich die Schiffe bezahlen, wenn Sie einen umfangreicheren Ausdruck einer Tageszeitung bekommen möchten. So bieten z. B. Mein Schiff und AIDA eine Vielzahl von Tageszeitungen wie die *Welt*, die *Süddeutsche* etc. an. Sie können sie für rund 4 € pro Ausgabe entweder täglich beziehen oder nur an von Ihnen gewünschten Tagen. Auf amerikanischen Schiffen erhalten Sie meist nur englische Zeitungen.

Mittlerweile werden Zeitungen wie *Bild*, *Welt am Sonntag* oder *Spiegel* (um nur eine kleine Auswahl zu nennen) als digitale Ausgaben angeboten. Sie gelangen über das Bordportal in den »Zeitungskiosk«, wo Sie die gewünschte Zeitung kostenpflichtig auswählen und auf das entsprechende Endgerät herunterladen können. Wie alles andere wird auch dieser Service über Ihr Bordkonto abgerechnet.

## TAUFPATIN

Zur Taufe eines jeden Schiffs gehört eine Taufpatin. Männer sind davon ausgeschlossen, weil dies für das Schiff ein böses Omen bedeuten würde. Die Taufpatin darf auch weder ein grünes Kleid tragen noch rothaarig oder schwanger sein. Viele Kreuzfahrtschiffe haben prominente Taufpatinnen – von Queen

Elizabeth II. über berühmte Schauspielerinnen wie Sophia Loren bis zu bekannten Sportlerinnen wie Franziska van Almsick.

## TELEFONIEREN

Möglichst preiswert nach Hause telefonieren – wer will das nicht! Wenn man nicht das Netz des Schiffs benutzt, telefoniert man am billigsten mit dem Handy. Im Grunde ist das Roaming über ausländische Mobilfunknetze, die landbasiert sind, immer günstiger, vor allem in Europa, wo die Roaming-Gebühren geregelt sind. Auch Ihr eigener Mobilfunk-Provider bietet sicher günstige Auslandstarife an.

Allerdings nützt Ihnen das wenig, wenn sich das Schiff auf hoher See und das Handynetz außerhalb der Reichweiten der Funkmasten an der Küste befindet. Dann bleibt einem nichts anderes übrig, als doch über die teure Satellitenverbindung des Schiffs zu telefonieren. Alternativ bietet sich Skypen über die WLAN-Verbindung an Bord an, was deutlich günstiger ist als die Telefon-Roaming-Tarife.

> TIPP: *Vereinbaren Sie mit der Familie zu Hause, dass Sie sich an den Tagen melden, an denen Sie an Land sind. Das ist die kostengünstigste Variante.*

## TEMPERATUR

Auf deutschen Schiffen wird die Temperatur in Celsius angegeben, auf ausländischen Schiffen oft in Fahrenheit. Ein paar Beispiele:

−10 °C = 14 °F, 0 °C = 32 °F, 20 °C = 68 °F, 30 °C = 86 °F

# TENDER

## TENDER

Der Tender ist ein kleineres Boot, das zwischen Schiff und Land verkehrt, wenn das Schiff nicht im Hafen anlegen kann. Meist sind mehrere Tender-Boote unterwegs. Sollten Sie einen Ausflug über Ihr Schiff gebucht haben, benötigen Sie keine Tender-Nummer. Sind Sie aber auf eigene Faust unterwegs, müssen Sie sich einen Zettel mit Ihrer Tender-Nummer besorgen. Die Abholzeiten finden Sie im Tagesprogramm. Für die Rückfahrt benötigen Sie keine Tender-Nummer, hier gilt: Immer der Reihe nach. Aber man darf sich nicht zu spät auf den Rückweg machen, denn das letzte Boot fährt rund 45 Minuten vor Abfahrt ab.

> TIPP: *Dehnen Sie Ihren Ausflug nicht bis zur letzten Minute aus, denn die Schlangen beim letzten Tender-Boot sind immer besonders lang. Um lange Wartezeiten zu vermeiden, ist es sinnvoll, 60 bis 90 Minuten vorher am Tender-Boot zu sein.*

## THEATER s. UNTERHALTUNG AN BORD

## THEMENKREUZFAHRTEN s. a. UNTERHALTUNG AN BORD
Themenkreuzfahrten werden immer beliebter. So können Sie auf See dann Heavy Metal oder Opernarien hören oder Lesungen lauschen, es gibt aber auch Kreuzfahrten mit Mountainbike- oder Rennradtouren an jedem Stopp, ja sogar Freikörperkultur-Kreuzfahrten.

## TISCHRESERVIERUNG / TISCHSITZUNG
Was wäre eine Kreuzfahrt ohne gutes Essen in angenehmer Atmosphäre, ob zu zweit oder mit mehreren am Tisch?
Bei einigen Linien wie Mein Schiff, Norwegian und AIDA gibt es das sogenannte Free Dining: In einem bestimmten Zeitraum – meist zwischen 18:00 und 21:30 Uhr – wird ohne Platzreservierung im Speisesaal (bzw. bei AIDA im Buffetrestaurant) zu Abend gegessen. Es kann daher durchaus vorkommen, dass Sie sich einen Tisch mit anderen Gästen teilen oder aber warten müssen, bis ein Zweiertisch frei wird.

Bei den teureren Linien wie Cunard, Hapag Lloyd, Phoenix und den amerikanischen wie Holland America, Celebrity oder Royal Caribbean bekommen Sie einen Tisch zugewiesen. Im

> **TIPP:** *Einer Ihrer ersten Gänge nach Ankunft auf dem Schiff sollte Sie zum Maitre führen. Lassen Sie sich Ihren Tisch zeigen, damit Sie wirklich die gewünschte Tischgröße bekommen. Zu diesem Zeitpunkt kann der Maitre meist noch Änderungen vornehmen.*

Vorfeld müssen Sie die von Ihnen gewünschte Tischgröße und Tischzeit angeben. Sie haben dabei die Wahl zwischen der ersten Sitzung um etwa 18:00 und der zweiten um etwa 20:15 Uhr, da auf den meisten Schiffen wegen beschränkter Kapazitäten in zwei Schichten gegessen wird.

## TRANSFER

Entspannt ankommen, entspannt abreisen: Wenn Sie das Flugpaket über die Reederei gebucht haben, ist das Transferpaket meist enthalten. Sollten Sie Ihre An- und Abreise selbst gebucht haben, können Sie die Transfers über die Reederei nachbuchen, im Fall der Abreise sogar noch an Bord. Bei längeren Entfernungen zum Flughafen rentiert sich die Buchung über die Reederei.

> **TIPP:** *Bei kürzeren Entfernungen zum Flughafen sind die Transfergebühren deutlich teurer, als wenn Sie sich ein Taxi nehmen. Vor den Terminals stehen meist ausreichend Taxis bereit oder kommen in kurzen Abständen. Natürlich können Sie auch von Deutschland aus ein Taxi für eine bestimmte Uhrzeit buchen. Der Taxifahrer erwartet Sie dann hinter dem Terminal mit einem Schild mit Ihrem Namen. Genauso können Sie natürlich auch bei der Anreise am Flughafen vorgehen.*

## TRINKGELD S. A. BARGELD

Auf Kreuzfahrtschiffen am Trinkgeld zu sparen, würde das Personal hart treffen, da Trinkgelder oft ein wichtiger Bestandteil des meist sehr niedrigen Einkommens sind. Das ist zwar auf

TRINKGELD S. A. BARGELD

deutschen Schiffen etwas anders, aber auch auf ihnen wird das Personal nicht besonders üppig bezahlt. Und sogar wenn Sie ein All-inclusive-Angebot gebucht haben, freut Ihr Kellner oder Steward sich über ein zusätzliches Trinkgeld als Anerkennung guter Leistung.

Bei AIDA und TUI sind Trinkgelder im Reisepreis enthalten. Bei MSC und den amerikanischen Linien wird täglich ein von der Kreuzfahrtlinie festgesetzter Betrag zwischen etwa 8 und 10 € pro Person auf die Bordrechnung gesetzt. Die Trinkgelder unterscheiden sich nach Kabinenkategorie (Suitengäste zahlen mehr). Wenn man mit dem Betrag nicht einverstanden ist, kann man ihn korrigieren. Bei teureren Linien bleibt es oft einem selbst überlassen, was man geben möchte. Dafür erhält man kurz vor Ende der Kreuzfahrt entsprechende Umschläge.

Der Vorteil des festgesetzten Betrags besteht darin, dass das Geld nach einem bestimmten Schlüssel verteilt wird, sodass auch Mitarbeiter berücksichtigt werden, die Sie gar nicht zu Gesicht bekommen.

> TIPP: *Geben Sie Ihrem Kellner oder Steward schon während Ihrer Kreuzfahrt ein »Zwischentrinkgeld«, nicht erst am Ende. Sie können sicher sein, es wird sich in einem noch besseren Service bemerkbar machen.*

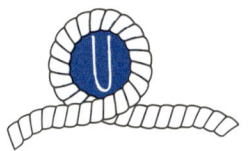

# UNTERHALTUNG AN BORD

Genießen Sie die Aufführungen im Bordtheater – die Showkultur gehört zu Kreuzfahrten dazu wie das Wasser zum Schiff. Das Angebot ist vielfältig und reicht von klassischen Theaterstücken bis zum Musical. AIDA hat im Gegensatz zu den anderen Reedereien kein richtiges Theater, sondern eher ein Atrium. Jedes Schiff hat sein eigenes Ensemble. Das Niveau der amerikanischen Aufführungen ist sehr hoch; deutsche Schiffe können sich daran nur selten messen.

   Neben den normalen Theateraufführungen werden oft auch Kreuzfahrten mit Gaststars angeboten, die sehr beliebt und oft schnell ausgebucht sind. Auch hier ist das Angebot breit gefächert; es reicht von Udo Lindenberg, Glasperlenspiel und Pur bis zu Anna Netrebko. Auch bekannte Autoren wie Sebastian Fitzek sind gern gesehene Gäste.

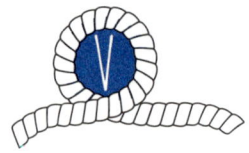

## VERBOTENE GEGENSTÄNDE

Waffen, Feuerwaffen, Messer und andere gefährliche Gegenstände mit an Bord zu nehmen ist ausdrücklich verboten. Bitte beachten Sie auch, dass das Mitführen von Kerzen, Räucherstäbchen und anderen brennbaren Materialien sowie die Nutzung mitgebrachter Bügeleisen an Bord ebenfalls strengstens untersagt sind.

## VERSICHERUNG

Eine Kreuzfahrt ist ein Urlaub wie andere auch, nur vielleicht noch ein bisschen mehr als das. Bei Abschluss einer Reiseversicherung sollte man darauf achten, dass sie auch Kreuzfahrten abdeckt, da das bei manchen Versicherungen nämlich nur teilweise der Fall ist. Oft sind Sie aber ja auch über Ihre Kreditkarte mit allen möglichen Versicherungen versorgt.

Eins ist klar: Wer auf einer Kreuzfahrt verunglückt, muss mit hohen Kosten für die Behandlung oder auch den Rücktransport z. B. per Hubschrauber rechnen. Deshalb sollten Sie unbedingt eine Auslandsunfall-, Auslandskranken- und Reiseabbruch-Versicherung abschließen.

Sinnvoll ist darüber hinaus eine Reisegepäckversicherung, denn sollte Ihr Gepäck auf der Anreise verloren gehen, können Sie sich für Ihre Reise trotzdem ausreichend ausstatten.

# VERSICHERUNG

Dass in Kabinen eingebrochen wird, kommt selten vor. Im Fall der Fälle aber greift Ihre Hausratversicherung; über sie kann Gestohlenes ersetzt werden.

Zu den Dingen, gegen die man sich nicht versichern kann, gehört z. B. eine politisch oder wetterbedingte Routenänderung, die dazu führt, dass Häfen ausfallen. Derlei Fälle gelten als höhere Gewalt, gegen die Sie keine Handhabe haben, aber meist reagieren die Kreuzfahrtgesellschaften kulant.

> TIPP: *Die günstigste Variante ist die Inklusiv-Versicherung bei Kreditkarten. Schauen Sie nach, ob alles abgedeckt ist oder aber der Leistungsumfang zu gering ist und der Versicherungsschutz nur greift, wenn die Reise mit der Kreditkarte bezahlt wird.*

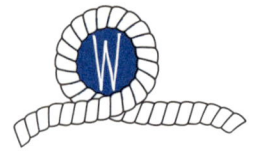

# WÄSCHE s. KLEIDUNG / REINIGUNG / WÄSCHE

# WASSER

Auf einem Kreuzfahrtschiff ist es nicht anders als zu Hause: Wasser ist überall unentbehrlich. Es füllt die Pools, wird in der Küche gebraucht, und Sie benötigen es zum Waschen und Duschen. Zum Einsatz kommt vor allem Meerwasser, das mittels spezieller Systeme entsalzt und danach mineralisiert, d. h. mit Kalzium und Chlor versetzt wird, damit es Trinkwasserqualität erhält. Am liebsten verwenden die Reedereien ihr eigenes Wasser, aber manchmal wird noch Wasser hinzugekauft.

> TIPP: *Jede Reederei stellt kostenpflichtig teures Wasser in die Kabinen. Fürs Zähneputzen und die Einnahme von Medikamenten benötigen Sie es aber nicht, denn das Wasser aus dem Hahn hat eine hohe Trinkwasserqualität.*

# WELTREISE

Alle Abwässer werden in Kläranlagen gereinigt, bevor sie von Bord geleitet werden. Pro Tag und pro Person wird mit ungefähr 200 l Trinkwasser gerechnet.

## WELTREISE

Fast alle Kreuzfahrtgesellschaften bieten Weltreisen an, die in der Regel zwischen 90 und 150 Tagen dauern. Wem das zu lang ist, der kann auch Teilabschnitte buchen. Eine Weltreise auf der QUEEN MARY (120 Tage) kostet in einer Innenkabine ab etwa 20.000 € und in der Queens Suite 70.000 €. Etwas günstiger ist man auf der MSC MAGNIFICA (118 Tage) unterwegs, wobei das Getränkepaket inklusive ist. Hier geht es bei den Innenkabinen bei rund 12.500 € los und endet bei einer Suite für 38.000 €. Sehr viel teurer und luxuriöser ist die MS EUROPA. 109 Tage inkl. Flug kosten zwischen 57.500 € (normale Suite) und 196.000 € pro Person für die Penthouse Suite. Die MS EUROPA verfügt ausschließlich über Suiten.

**TIPP:** *Da eine Weltreise eine große Investition ist, sollten Sie sie nicht überstürzt buchen, sondern abwarten. Oft bieten Kreuzfahrtgesellschaften sie zu einem etwas späteren Zeitpunkt zu einem besseren Preis und mit mehr Annehmlichkeiten an (z. B. inkl. Getränkepaket oder bestimmter Ausflüge). Wenn Sie zeitlich flexibel sind, rentiert es sich hier oft, last minute zu buchen (allerdings auf das Risiko hin, dass die Reise ausgebucht ist, was bei Weltreisen leider oft der Fall ist). Oder wenden Sie sich an Ihr Reisebüro, und lassen Sie anfragen, ob Sie Vergünstigungen bekommen können.*

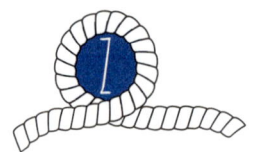

## ZAHLUNGSVERKEHR s. BARGELD, BORDAUSWEIS

## ZOLLFREI EINKAUFEN s. BOUTIQUEN / GESCHÄFTE / ZOLLFREI EINKAUFEN

## ZUKUNFT s. a. GESCHICHTE, ROUTEN- / SCHIFFSWAHL, SCHIFFE

Die Zukunft hat schon begonnen: Die Auftragsbücher der führenden Werften wie Meyer (und Meyer Turku Oy) und Ficantieri sind bis 2022 prall gefüllt. Jede große Kreuzfahrtgesellschaft hat neue Schiffe in Auftrag gegeben; das reicht vom kleineren Luxusschiff bis zu Riesen mit mehr als 6.600 Passagieren. In den nächsten Jahren wird ein Wachstum sowohl bei Kreuzfahrt- als auch Fluss-Kreuzfahrtschiffen von 40 bis 50 Neubauten erwartet. Nicht zu vergessen die Vergrößerungen und Umbauten bestehender Schiffe. Hinzu kommt ein neuer Markt in China.

Wie sehen die Schiffe der Zukunft aus? Sie werden sicher mit umweltfreundlichem Antrieb (z. B. Flüssiggas) ausgerüstet. Auch energiesparende Techniken sind in der Entwicklung.

## ZUKUNFT S. A. GESCHICHTE, ROUTEN- / SCHIFFSWAHL, SCHIFFE

Die Frage, ob die Schiffe immer größer werden, beantworten die Werften unterschiedlich. Jede sieht den Markt anders. Royal Caribbean baut Ozeanriesen, auf denen das Schiff selbst das Erlebnis darstellt und nicht die Reise und die anzulaufenden Häfen. Die Mein-Schiff-Flotte konzentriert sich auf das mittlere Segment (um die 2.000 Passagiere) und baut den Wohlfühlbereich aus (Spa und Speisen). AIDA und MSC decken die ganze Bandbreite von klein bis groß ab und bewegen sich im unteren Preisbereich. Aber auch in der Luxusklasse wird es neue Schiffe geben, die maximal 200 bis 500 Personen beherbergen und das Zehn- bis Zwanzigfache einer normalen Kreuzfahrt kosten werden. Aber egal, wie groß: sämtliche Schiffe werden luxuriöser und mit interessanten Features und Interieur ausgestattet sein.

Welcher Trend sich durchsetzen wird, ist offen, aber eins ist klar: Bei den ganz großen Riesen ist die Grenze erreicht, denn es gibt nur eine begrenzte Anzahl von Häfen, die sie aufnehmen können, sowie Brücken, unter denen, und Kanäle, auf denen sie fahren können.

Die Zahl der Kreuzfahrtfans wächst und auch der Preiskampf unter den Anbietern. Das kommt dem Reisenden zugute.

# DIE WICHTIGSTEN SEEMÄNNISCHEN BEGRIFFE

**abandon ship:** das Schiff verlassen (»aufgeben«)
**Achterdeck:** der hintere Teil des Schiffs und somit das letzte Deck
**Ahoi:** Ahoi ist heute nur noch ein Gruß, war früher aber das Signalwort, mit dem man Schiffe anrief: »Boot ahoi!«
**Äquatortaufe/Polartaufe:** Wenn man während einer Kreuzfahrt den Äquator passiert, erhält man eine Urkunde und wird mit Wasser getauft oder kann auch schon einmal im Pool landen. Das Gleiche geschieht mit Passagieren, die den Polarkreis überqueren. Beides wird auf allen Kreuzfahrtschiffen mit einer Spaßveranstaltung zelebriert.
**Auf Reede liegen:** Die Reede ist ein Liege-/Ankerplatz vor einem Hafen, auf dem die Schiffe warten, bis sie am Kai ihres eigentlichen Hafens einlaufen können. Das mittelniederdeutsche Wort stammt aus dem 17. Jahrhundert und bedeutet Ankerplatz.
**Ausflaggen:** Auch wenn man denkt, man fährt auf einem deutschen Schiff, weht am Heck u. U. die Flagge eines anderen Landes. In einem solchen Fall wurde das Schiff ausgeflaggt, d. h. fährt unter der Flagge eines anderen Landes (eines Billiglandes). Die Reederei spart damit Geld und Steuern.
**Backbord/Steuerbord:** In Fahrtrichtung links ist die Backbordseite, in Fahrtrichtung rechts die Steuerbordseite.

## DIE WICHTIGSTEN SEEMÄNNISCHEN BEGRIFFE

| Bft | km/h ab | Bezeichnung der Windstärke | Bezeichnung des Seegangs |
|---|---|---|---|
| 0 | 0 | Windstille | völlig ruhige, glatte See |
| 1 | 2 | leiser Zug | ruhige, gekräuselte See |
| 2 | 6 | leichte Brise | schwach bewegte See |
| 3 | 12 | schwache Brise | schwach bewegte See |
| 4 | 20 | mäßige Brise | leicht bewegte See |
| 5 | 29 | frische Brise | mäßig bewegte See |
| 6 | 39 | starker Wind | grobe See |
| 7 | 50 | steifer Wind | sehr grobe See |
| 8 | 62 | stürmischer Wind | mäßig hohe See |
| 9 | 75 | Sturm | hohe See |
| 10 | 89 | schwerer Sturm | sehr hohe See |
| 11 | 103 | orkanartiger Sturm | schwere See |
| 12 | 117 | Orkan | außergewöhnlich schwere See |

**Beaufort:** Die Windgeschwindigkeit wird in Beaufort (Bft) gemessen. Die Skala umfasst 13 Windstärkenbereiche von 0 (Windstille) bis 12 (Orkan). In den 1950er-Jahren wurde sie um fünf weitere Windstärken erweitert, sodass sie heute 17 Stufen hat. Die Einheit wurde nach Sir Francis Beaufort benannt.

**Bereederung:** Fachausdruck für das Betreiben eines Kreuzfahrtschiffs durch eine Kreuzfahrtgesellschaft. Der Gesellschaft muss das Schiff dabei nicht unbedingt gehören.

**Bilge:** Die Bilge ist der unterste Raum im Schiffsrumpf.

**Blauer Peter:** Blauer Peter ist die Bezeichnung für die Signal-

DIE WICHTIGSTEN SEEMÄNNISCHEN BEGRIFFE

flagge P, die signalisiert, dass das Schiff innerhalb der nächsten 24 Stunden ausläuft.

**Brücke:** Von der Brücke aus geben der Kapitän und die Offiziere die Befehle an die Mannschaft, von hier aus wird das Schiff gesteuert. Die Brücke ist mit mehreren Personen besetzt, weil man von ihr aus die optimale Fernsicht aufs Meer hat.

**Bruttoraumzahl (BRZ):** In BRZ wird heute die Größe eines Schiffs angegeben, die frühere Bezeichnung Bruttoregistertonne (BRT) hört man aber auch immer noch oft. Die BRZ-Zahl dient als Grundlage für die Berechnung der Gebühren für Tonnage, Kanal-/Schleusendurchfahrten und Hafennutzung.

**Bug/Heck:** Der Bug ist der vordere, das Heck der hintere Teil eines Schiffs.

**Bugstrahlruder/Querstrahlruder:** Diese Ruderanlage (die sich unterhalb der Wasserlinie beim Schiffsbug befindet) unterstützt durch eine Verkleinerung des Wendekreises beim Manövrieren, z. B. beim seitlichen Anlegen. Sie macht es möglich, den Bug nach Backbord oder Steuerbord zu bewegen. Das Bugstrahlruder funktioniert nur bei niedrigen Geschwindigkeiten.

**Bunker:** Bunker nennt man den Lagerraum für die für den Betrieb des Schiffs notwendigen Brennstoffe wie Schweröl und Dieselkraftstoff. Mit dem Verb bunkern bezeichnet man das Beladen des Schiffs.

**Davit:** Bezeichnung eines kleinen Krans zum Ausschwenken der Rettungsboote

**Deck:** Die Decks sind die Stockwerke eines Schiffs. Die Sonnendecks und Pools befinden sich ganz oben, die Decks für die Mannschaft meist ganz unten.

**Dock:** Docks dienen dazu, Schiffe trockenzulegen, damit Arbeiten an ihnen verrichtet werden können. Kreuzfahrtschiffe

## DIE WICHTIGSTEN SEEMÄNNISCHEN BEGRIFFE

kommen nicht nur in ihrer Entstehungsphase und für notwendige Reparaturarbeiten ins Dock, sondern auch für Renovierungs- oder Erweiterungsmaßnahmen.

**Etmal:** die gefahrene Strecke von einem Mittag bis zum nächsten Mittag

**Faden:** ein nautisches Längenmaß (1,82 m)

**Fallreep (Jakobsleiter):** eine Treppe (ähnlich einer Strickleiter), die außenbords herabgelassen wird, um z. B. den Lotsen an Bord zu holen

**Fender:** Vorrichtung an der Außenwand eines Schiffs, um, z. B. beim Anlegen, Stöße zu dämpfen

**Flaggschiff:** Unter einem Flaggschiff versteht man meist das neueste, schönste und interessanteste Schiff einer Reederei.

**Flunken:** die schaufelarmigen Arme eines Ankers

**Foxtrott, Foxtrott:** Alarmsignal für das Team zur Bekämpfung von Feuer

**Galley:** die Küche eines Schiffs (auch Kombüse)

**Gangspill:** die Vorrichtung zum Heben des Ankers

**Gangway:** die Treppe oder Brücke, die zum Betreten und Verlassen des Schiffs angebracht wird

**Gieren:** das Abkommen vom Kurs

**Großer Teich:** der Atlantische Ozean

**Havarie:** Eine Havarie entsteht, wenn das Schiff durch Grundberührung, Feuer, Sturm oder Kollision Schaden nimmt und dieser Folgen für Schiff und Ladung hat.

**Jungfernfahrt:** Bevor ein Schiff ausgeliefert wird, werden zahlreiche Testfahrten gemacht. Die erste Fahrt unter realen Bedingungen, mit Passagieren an Bord, nennt man Jungfernfahrt.

**Knoten (Seemeile):** Die Geschwindigkeit auf See wird in Knoten gemessen: 1 Knoten = 1 Seemeile (1,852 km) pro Stunde.

DIE WICHTIGSTEN SEEMÄNNISCHEN BEGRIFFE

**Kurs:** Den Weg vom Ausgangspunkt bis zum Ziel nennt man Kurs. Der Kurs wird vorher errechnet.

**Lee/Luv:** Die Lee ist die dem Wind abgewandte Seite des Schiffs, die Luv die dem Wind zugewandte.

**Löschen:** das Entladen des Schiffs

**Lotse:** Ein Lotse (auch Pilot genannt) geleitet ein Schiff aus dem oder in den Hafen. Lotsen kennen das jeweilige Gebiet wie ihre Westentasche und wissen genau, wo Gefahren wie z. B. Untiefen lauern. Sie gehen an Bord und geben dem Kapitän Ratschläge und Unterstützung. Das Kommando hat immer der Kapitän. Mit einem Lotsenboot werden Sie an Bord und wieder zurück an Land gebracht. Es gibt Häfen, die so stark befahren oder so gefährlich sind, dass die Schiffe dazu verpflichtet sind, einen Lotsen an Bord zu nehmen; in anderen Häfen ist dies freiwillig.

**Messe:** Auf größeren Schiffen bezeichnet man den Speisesaal (oder Salon) als Messe.

**Moses:** der jüngste Seemann an Bord

**Niedergang:** Treppenhaus und Treppe im Schiffsinneren

**Pier:** Piers sind meistens künstlich angelegt und dienen dazu, in Häfen mehr Platz für anlegende Schiffe zu schaffen. Sie stehen daher meist im rechten Winkel zum Kai.

**Positionslichter:** Zwischen Sonnenuntergang und Sonnenaufgang und bei schlechter Sicht hat ein Schiff Positionslichter zu führen.

**Purser:** Der Purser ist der Zahlmeister und für die Abrechnung an Bord zuständig.

**Reling:** das Geländer um das Schiff herum

**Ruder:** die Steueranlage am Heck eines Schiffs

**Schiffsklasse:** Anders als bei Hotels gibt es bei Schiffen keine offiziellen Klassen. Die Symbole oder Sterne der Reisebüros

## DIE WICHTIGSTEN SEEMÄNNISCHEN BEGRIFFE

und Internetseiten stellen eine persönliche Einschätzung der Kunden oder des Produktmanagements der Reederei dar.

**Schott:** Schotten sind die Trennwände, die das Innere eines Schiffs in wasserdichte Räume unterteilen.

**Schrauben:** die Flügel und Propeller, die das Schiff antreiben

**Seegang:** durch den Wind entstehende Wellenbewegung, die in zehn Stufen unterteilt wird

**SOS:** Notsignal aller Schiffe (Save Our Souls)

**Stabilisatoren:** Stabilisatoren wirken durch unterschiedliche Neigung dem Rollen bei Seegang entgegen. Sie lassen sich auch dazu nutzen, die seitliche Neigung des Schiffs in Kurven, die sogenannte Kränkung, zu reduzieren.

**Staff-Kapitän:** der Stellvertreter des Schiffskapitäns

**Stapellauf:** Wenn ein neues Schiff erstmals zu Wasser gelassen wird, nennt man das Stapellauf.

**Sund:** Durchfahrt zwischen dem Festland und einer Insel

**Tender:** kleine Boote, oft die Rettungsboote, mit denen die Passagiere zwischen Schiff und Land hin- und hertransportiert werden, wenn das Schiff draußen und nicht im Hafen ankert

**Tiefgang:** der unter Wasser liegende Teil des Schiffs, der bei einem durchschnittlichen Kreuzfahrtschiff bei 8 bis 10 m liegt

**Untiefe:** eine flache Wasserstelle

**Vertäuen:** Festlegen eines Schiffs mittels Leinen

**Wache:** Die Dienstzeit der Seeleute auf der Brücke nennt man Wache. Auf vier Stunden Dienst folgen acht Stunden Freizeit.

**Wasserlinie:** Als Wasserlinie bezeichnet man die Höhe der Wasseroberfläche am Schiffsrumpf.

**Zodiac:** Wegen ihres geringen Tiefgangs werden auch Zodiacs – motorisierte Gummischlauchboote – als Tender (s. dort) genutzt, vor allem bei Expeditionskreuzfahrten.

# ENGLISCHE FACHBEGRIFFE

**anchor** = Anker
**anchoring** = Ankern
**assembly station** = Musterstation, Sammelstation
**azimuth thruster** = Pod-Antrieb, Propellergondel (Bezeichnung für ein Antriebsaggregat für Wasser- und Luftfahrzeuge)
**back to back people** = Passagiere, die mehrere Kreuzfahrten mit demselben Schiff machen
**berth, pier** = Pier
**boardcard, keycard** = Bordkarte
**bow** = Bug
**bridge** = Brücke
**cabin steward** = Zimmerkellner, Kabinenbetreuung
**captain** = Kapitän
**chief engineer** = leitender Ingenieur
**connection door** = Verbindungstür
**crew drill** = Sicherheitsübung der Crew

**cruise director** = Kreuzfahrtdirektor
**cruise ship** = Kreuzfahrtschiff
**cruise terminal** = Kreuzfahrtterminal
**deck** = Deck (to go on deck = aufs Deck gehen)
**dining room** = Speisesaal
**draught** = Tiefgang
**embarkation** = Einschiffung
**estimated time of arrival** = voraussichtliche Ankunftszeit
**estimated time of departure** = voraussichtliche Abfahrtszeit
**excursion** = Ausflug
**flag** = Flagge
**fleet** = Flotte
**flue** = Schornstein
**galley** = Küche
**gangway** = Zugangsbrücke
**harbour** = Hafen
**head chef, executive chef** = Chefkoch
**hot man, hotel manager** = Hotelmanager

## ENGLISCHE FACHBEGRIFFE

**housekeeping** = Personal für die Kabinenpflege
**inaugural sailing** = erste Fahrt eines Schiffs
**itinerary** = Reiseplan, Routenplan
**keel** = Schiffskiel
**landing** = Ankunft an Land
**life buoy** = Rettungsring
**life rest** = Rettungsinsel
**life vest, life jacket** = Rettungsweste
**main sitting** = erste Sitzung im Speisesaal (gegen 18 Uhr)
**Maitre d'hotel** = Restaurantleiter
**marine propelling** = Schiffsschraube
**medical center** = Krankenstation
**meeting point** = Treffpunkt
**midships** = zentraler Bereich
**muster drill** = Sicherheitsübung
**passenger** = Passagier
**pax drill** = Sicherheitsübung der Passagiere
**pilot** = Lotse
**portside** = Backbord

**promenade deck** = Promenadendeck
**rolling** = Schaukeln des Schiffs
**rope** = Schiffstau
**second sitting** = zweite Sitzung im Speisesaal (gegen 20:30 Uhr)
**shipyard** = Werft
**shore excursion** = Landausflug
**side rudder** = Seitenruder
**single use** = Kabinen zur Einzelbenutzung
**sliding into the water** = Stapellauf
**stack** = Schornstein
**starboard** = Steuerbord
**stateroom** = Kabine
**tender boat** = Beiboot
**tip** = Trinkgeld
**top deck** = Oberdeck
**turn around** = Passagierwechsel
**waiter, dining room steward** = Kellner
**water line** = Wasserlinie
**whistle horn** = Nebelhorn
**wind direction** = Windrichtung

NOTIZEN

# NOTIZEN

Alle in diesem Buch enthaltenen Angaben und Daten wurden von der Autorin nach bestem Wissen erstellt und von ihr sowie vom Verlag mit größtmöglicher Sorgfalt überprüft. Gleichwohl können wir keinerlei Gewähr oder Haftung für die Richtigkeit, Vollständigkeit und Aktualität der bereitgestellten Informationen übernehmen. Insbesondere können sich die angegebenen Preise, Rabatte, Zahlungsmodalitäten etc. nach der Drucklegung geändert haben.

Wir hoffen, dass Ihnen dieses Buch viel Freude bereitet. Falls Sie Anregungen haben sollten, was wir in Zukunft noch besser machen können, schreiben Sie uns bitte an reiselektorat@delius-klasing.de.
Korrekturen veröffentlichen wir im Interesse aller Leser unter www.delius-klasing.de auf der jeweiligen Produktseite.

Bibliografische Information der Deutschen Nationalbibliothek
Die Deutsche Nationalbibliothek verzeichnet diese Publikation
in der Deutschen Nationalbibliografie; detaillierte bibliografische
Daten sind im Internet über http://dnb.dnb.de abrufbar.

1. Auflage
ISBN 978-3-667-11431-0
© Edition Maritim im Verlag Delius Klasing & Co. KG, Bielefeld

Lektorat: Bettina Eschenhagen, Christine Siedle
Covergrafik: ivan mogilevchik / fotolia
Fotos: Jürgen Weber
Umschlaggestaltung: Jörg Weusthoff, Hamburg
Layout: Gabriele Engel
Lithografie: Mohn Media, Gütersloh
Gesamtherstellung: Print Consult, München
Printed in Slovakia 2018

Alle Rechte vorbehalten! Ohne ausdrückliche Erlaubnis des Verlages darf das Werk weder komplett noch teilweise reproduziert, übertragen oder kopiert werden, wie z. B. manuell oder mithilfe elektronischer und mechanischer Systeme inklusive Fotokopieren, Bandaufzeichnung und Datenspeicherung.

Delius Klasing Verlag, Siekerwall 21, D - 33602 Bielefeld
Tel.: 0521/559-0, Fax: 0521/559-115
E-Mail: info@delius-klasing.de
www.delius-klasing.de

# TRAUMURLAUB

Monika Weber
**Kreuzfahrten Karibik**
**ISBN 978-3-667-10566-0**

Insgesamt 27 Destinationen der Ost- wie auch der Westroute (darunter Bermuda, Bahamas, Dominica, St. Lucia, Grenada, ABC-Inseln, Trinidad, Tobago, Grand Turk) werden inklusive der Starthäfen Miami, Fort Lauderdale und San Juan/Puerto Rico ausführlich vorgestellt.

- Eine knappe Übersicht über die Geschichte der Karibik und eine Einführung in Klima, Flora und Fauna der Inseln
- Tipps für Landgänge zur Vor- und/oder Nachbereitung: Welche Führungen werden angeboten? Was kann in der begrenzen Zeit des Landaufenthalts besichtigt werden?

# INSIDERTIPPS

Peter Jurgilewitsch | Heiner Boehnke
**Kreuzfahrten**
**Westliches Mittelmeer**
**ISBN 978-3-89225-703-5**

Eine Kreuzfahrt durch das westliche Mittelmeer ist eine Traumreise zu den schönsten Städten Europas. Sämtliche im Rahmen einer Kreuzfahrt angelaufenen und interessanten Häfen des westlichen Mittelmeeres werden vorgestellt – inklusive Ausflugstipps für geführte und Individualtouren.

Heiner Boehnke | Peter Jurgilewitsch
**Kreuzfahrt-Guide**
**Ostsee**
**ISBN 978-3-89225-676-2**

Kreuzfahrtdirektor Peter Jurgilewitsch hat alle wichtigen Destinationen aufbereitet. Darüber hinaus hat er spezielle Insidertipps parat, sodass ein für die Hand des Kreuzfahrers kompaktes und vor allem kundiges Informationswerk über die Ziele und lohnenden Ausflüge entstanden ist.

# AB IN DEN NORDEN

Peter Jurgilewitsch | Heiner Boehnke
**Kreuzfahrten**
**Nordland mit Grönland**
**ISBN 978-3-667-10436-6**

Kompakte Informationen zu Sehenswürdigkeiten an Land, vor allem aber praktische Hinweise zu Ausflugsmöglichkeiten sowie Radtour- und Wandertipps:
- Dänemark
- Färöer
- Grönland
- Island
- Norwegen
- Spitzbergen

Ralf Schröder
**Kreuzfahrten Hurtigruten**
*Bergen - Kirkenes*
**ISBN 978-3-667-10957-6**

Eine Fahrt auf einem Hurtigruten-Schiff ist eine Erlebnisreise in einer der beeindruckendsten Naturlandschaften. Dieser Kreuzfahrt-Führer beantwortet alle Fragen zur besten Reisezeit und dem Leben an Bord, illustriert den Routenverlauf und stellt jeden Ort vor, den das Schiff auf der Reise anläuft.

# UNTERWEGS IM KULTMOBIL

Berit Hüttinger
**Roadtrip mit Frau Scherer**
*Ein Allradabenteuer von der
Adria bis zum Altai*
**ISBN 978-3-667-11407-5**

Martin Röhrig
**Schrauben. Schlafen. Surfen.**
*Mein Bulli Sabbatical am Atlantik*
**ISBN 978-3-667-11249-1**

„Frau Scherer", der fünfzig Jahre alte Mercedes-Lkw, wird zum Wohnmobil umgebaut. Gemeinsam mit Freund Matthias und Hund Sidi geht es los: Ein Jahr lang reisen Berit Hüttinger und ihr Mann Heppo quer durch den unbekannten Osten über Turkmenistan, den Iran und Oman bis nach Kirgistan.

Ein Jahr raus aus dem Alltag und tun, was gefällt: Von Hamburg aus brechen Martin Röhrig und sein Bulli „Smurfy" in Richtung Atlantik auf. Als Board-Sport-Enthusiast sucht und findet Röhrig dabei die schönsten Surf- und Kite-Spots in Frankreich, Spanien und Portugal – und mittendrin auch sich selbst.

# GLOBETROTTER

Thomas Widerin
**Das Stinktier, der Sheriff und ich**
*Mit dem Fahrrad von Kanada
nach Florida*
**ISBN 978-3-667-11417-4**

Sein Trip durch die USA ist voller Überraschungen. Bei einer Begegnung mit drei Stinktieren zieht er den Kürzeren. Ein Frühstück endet in einer Massenschlägerei zwischen den Hillary- und Trump-Anhängern und ein Indianer-Häuptling lädt ihn zum Pfeiferauchen in sein Zelt ein - packend, verblüffend und lustig!

Doris Renoldner | Wolfgang Slanec
**Hart wie das Eis**
*Unter Segeln durch die
Nordwestpassage*
**ISBN 978-3-667-11427-3**

7.000 kalte und harte Seemeilen liegen zwischen Alaska und Grönland. Die raue Verbindung zwischen Atlantik und Pazifik begeistert mit imposanten Eisbergen, abgelegenen Inuit-Dörfern und malerischen Fjorden. Ein Traum für unerschrockene Abenteurer und Blauwassersegler.

# SEGELABENTEUER

Maximilian Leßner
**Da geht noch Watt**
*Segeln an der Nordseeküste*
**ISBN 978-3-667-11426-6**

Maximilian Leßner zeigt in über 100 wunderschönen Fotografien, warum die Nordsee als eines der schönsten Segelreviere Deutschlands gilt. Er schildert
- Segel-Mikroabenteuer vor Ihrer Haustür ohne lange Anreise
- Törns für jeden Geschmack: Tagesausflüge, Wochenendreisen, Sommertörns

Dagmar Garlin
**Garlix auf großer Fahrt**
*Die Welt umsegeln mit Fremden und Freunden*
**ISBN 978-3-667-11428-0**

Vom ersten Hirngespinst bis zum Ablegen vergehen gerade einmal sechs Monate. Mit Segelausrüstung, Proviant und viel Neugier im Gepäck lichten Dagmar und Jens Garlin den Anker. Die Weltumseglung meistern die beiden mit der Atlantic Rally for Cruisers (ARC World) und erweitern täglich ihren Horizont.

Im Handel oder unter
www.delius-klasing.de